CONFÍA EN TI

La Saga COMIENZA TU ÉXITO

Los libros que transforman la vida de los lectores por todo el mundo.

CONFÍA EN TI

María Mesa

Un despliegue de amor vuela hacia ti.

Que todo lo bueno te encuentre,
te siga y se quede contigo...

Confía en ti
©María Mesa Martínez 2019
Autoedición y diseño: María Mesa Martínez

ISBN: 978-84-09-16218-5

www.comienzatuexito.com
contacto@comienzatuexito.com

Diseño de portada, diseño interior y maquetación: Nerea Pérez Exposito de www.imagina-designs.com

Nota a los lectores: Esta publicación contiene las opiniones e ideas de su autora. Su intención es ofrecer material de utilidad al lector sobre el tema tratado. Las estrategias mostradas pueden no ser útiles para todos los individuos, no garantizándose resultado. Este libro se vende bajo el supuesto de que el autor, ni el editor, ni la imprenta se dedican a prestar asesoría o servicios profesionales legales, financieros, de contaduría, psicología u otros. El lector deberá consultar a un profesional capacitado antes de adoptar las sugerencias de este libro. No se da garantía respecto a la precisión o integridad de la información incluida, y tanto el autor, como el editor, la imprenta, el diseñador, distribuidor y todas las partes implicadas, niegan específicamente cualquier responsabilidad por obligaciones, pérdidas, riesgos personales o de cualquier tipo que se incurran como consecuencia directa o indirecta, del uso y aplicación de cualquier contenido del libro.

La publicación de esta obra puede estar sujeta a futuras correcciones y ampliaciones por parte de la autora.

Quedan prohibidas, dentro de los límites establecidos por la ley y bajo las prevenciones legalmente previstas, la reproducción total o parcial de esta obra por cualquier medio o procedimiento, ya sea electrónico o mecánico, el tratamiento informático, el alquiler o cualquier forma de cesión de la obra sin previa autorización escrita de la autora.

Índice

Antes de empezar 9

Parte 1: El amor de tu vida eres tú 25

    Amor propio 27
    Cree en ti 47
    Apego y desapego 75
    Autoestima 83
    Reinventarse 93
    Miedos 101
    Perdonar 123
    Dependencia emocional 133

Parte 2: Creando la vida de tus sueños 141

    Escoge tu felicidad 143
    Decide que deseas 191

Parte 3: Donde ocurre la magia 201

    Creer para ver 203
    Cuida de ti 215
    El cuerpo bajo la lupa de la ciencia 225

Parte 4: El poder está en ti 231

    Cuida tu imagen 233
    La magia de las afirmaciones 243
    El poder de la meditación 253

Parte 5: La vida de tus sueños 259

Haz tus sueños realidad 261

Parte 6: Acción, de cero a cien 283

Deja que tu éxito haga ruido 285
Elecciones que cambian el rumbo de tu vida 295
Descubre el poder de los hábitos 301
Pensamiento positivo vs negativo 319

Parte 7: Despega como un cohete 327

Superar el rechazo 329
Hazlo a pesar de lo que opinen 339

Parte 8: Nunca te rindas 353

Saca lo mejor de ti 355
Organízate con eficacia 371
Éxito 381
Esto no es un final, esto es un nuevo comienzo 391
¿Me ayudas a mejorar el mundo? 397
Conviértete en embajador de la saga Comienza tu éxito 399
Continúa tu éxito en… 403
«La Voz de Tu Alma» 405

Antes de empezar

Este libro espera conseguir una transformación total en ti. No esperes de él un libro más que leer una tarde lluviosa de invierno porque no lo es.

Estas páginas te van a empoderar de una manera que no puedes imaginar. Vas a seguir un camino que es sólo tuyo, te darás cuenta de esto porque <u>tu camino no tiene pisadas previas</u>, por lo que algunas veces te podrás sentir solo.

Pero te diré una cosa, durante el camino no sentirás miedo porque con este libro conseguirás tener la luz que necesitarás para atravesarlo.

> " El gran desafío es ser tú mismo
> en un mundo donde la mayoría
> trata de hacer de ti otra persona"
>
> E.E. Cummings

Deseo que el **virus de los sueños cumplidos, llegue a ti y se propague por todo tu ser.** Espero que el virus te invada haga tus sueños realidad y luego siga propagándose infectando a todo el mundo.

Si quieres la verdadera transformación sigue los tips que te muestro y comienza a recorrer tu maravilloso camino de transformación personal.

> Descubrirás que no se puede dividir cuerpo y mente, que son lo mismo. Querer dividirlos es como querer dividir tu pecho de tu espalda, no se puede, forman parte de lo mismo. Puedes distinguirlos, pero no los puedes separar, operan como una misma unidad.

Por tanto, todo trabajo que hagas a nivel físico: alimentación, descansos, ejercicio... te repercutirá a nivel mental.

Ya se ha descubierto que las personas que practican ejercicio, son personas más felices, más agradecidas, más serenas... Para lograr estos beneficios no tendrás que hacer más y más cosas que te saturen. Para nada. **Deberás hacer menos, pero mejor.**

Mi objetivo no es motivarte a través de frases bonitas, sino el de exponerte mi experiencia, la experiencia de otros, lo que la ciencia dice y todo lo que sienta que es necesario para que logres un gran cambio.

El cambio que sé que te mereces.

No puedes privarte de la magia de confiar en ti. Es un derecho que obtuviste nada más nacer y que nadie te puede arrebatar.

Estoy realmente extasiada de felicidad porque sé cuantísimo vas a descubrir. Sé que cuando cierres este libro no serás la misma persona que lo abrió. Algo en ti se habrá transformado.

¡Tu vida se va a poner patas arriba!

Mírate por última vez en el espejo porque después de esta experiencia no volverás a ser el mismo.

Una vez escuché que la oportunidad llama a menudo a tu puerta. La diferencia entre los que obtienen el éxito y los que no, es saber <u>cuánto tiempo pasan en casa para que cuando esa puerta suene, puedan abrirla.</u>

No sólo sirve desear algo con intensidad o tener grandes conocimientos, sino que también deberás estar en los lugares oportunos, deberás moverte y posicionarte donde desees estar.

Actúa. Gran parte de la población tiene el problema de querer lo que no tiene y de querer ser lo que no son. Y yo les digo **que se conviertan en el tipo de persona que tiene el éxito que ellos ansían porque esas personas verdaderamente son las que lo merecen y lo obtienen**.

En tu vida todo podrá cambiar, tu entorno, las personas irán y vendrán, el lugar donde vivas… <u>pero tú nunca te irás, tú siempre estarás contigo</u>. Por eso voy a tratar por todos los medios de infundirte el amor que mereces tener y la confianza que necesitas poseer.

Aquello que menos te gusta de ti, deberás aprender a aceptarlo o deberás cambiarlo, pues siempre estará contigo.

Tú decides qué hacer con aquello que salió mal, los hechos son los hechos y sólo tú decides que hacer con ellos.

• •

Si un día entregaste el timón de tu vida a otras personas pensando que éstas cuidarían de ti, ya es hora de que lo vuelvas a tomar entre tus manos. Tú eres la única persona que puede cuidar de ti.

• •

Tampoco vivas cuidando y dando amor a otros, si al primero que se lo debes brindar es a ti mismo y no te lo estás dando. **No creas que otros te darán el amor que necesitas,** el amor que necesitas te lo das tú. **El amor que te dan los demás lo disfrutas, pero no lo necesitas.**

Empieza a quererte más, a sanar heridas... y si estás pasando por un mal (o buen) momento éste también pasará y dejará hueco a otro momento. La vida es cambio continuo, mira la naturaleza, nunca se detiene.

¿Qué le dirías a un amigo que se martiriza por su exceso de peso?

Seguramente... Tranquilo tú puedes bajar de peso, sólo necesitas mentalizarte y darte tiempo.

¿Qué le dirías a un amigo que ha perdido el trabajo?

Tranquilo, encontrarás algo mejor, cuentas con más experiencia en tu currículo y vales un montón.

¿Qué le dirías a un amigo al que le han roto el corazón?

Tranquilo, ahora es el momento de mimarte, de salir a divertirte, de consentirte... Esa persona no era para ti. Ya llegará alguien que te aporte más.

Podría seguir así eternamente. Esto es lo que tienes que hacer contigo mismo. Cuando necesites un consejo, haz como si pudieses salir de tu cuerpo, mirarte como un amigo y darte el mejor consejo que se pueda escuchar.

No busques en los demás, aquello que tú mismo te puedes dar. Cuando te sorprendas a punto de decir:

•••••••••••••••••••••••••••••••••••

Quiéreme → entonces… → Quiérete

No me hagas sentir mal → Confía más en ti

Hazme sentir bien → Siéntete bien.

•••••••••••••••••••••••••••••••••••

Lo que buscas en el exterior, es una carencia que hay en tu interior, primero desde dentro tendrás sanarla. **Imagina que estás delante de un espejo y te ves manchado de barro. Por más que frotes el espejo (tu exterior) no vas a quedar limpio**. Primero límpiate tú (interior) y la imagen del espejo (exterior) se verá bonita. Recuerda que como es adentro, es afuera.

Sólo te necesitas a ti, es todo

Aunque te enseñaré el camino para que las críticas no te afecten tanto y sigas adelante con tus sueños, seamos realistas, las críticas nos afectan a todos. **El que dice a mí no me afectan las críticas, miente.**

• •

Ya que cuando tú haces algo con todo tu cariño y toda tu ilusión, y alguien llega y te lo chafa, a primer vistazo no es algo que te guste.

• •

El problema llega cuando dejas que esas críticas, se apoderen de ti. Eso es lo que hay que evitar y para lo que te vas a entrenar. Trabajaremos más adelante tu autoestima para que esté tan fuerte, que se vuelva infranqueable.

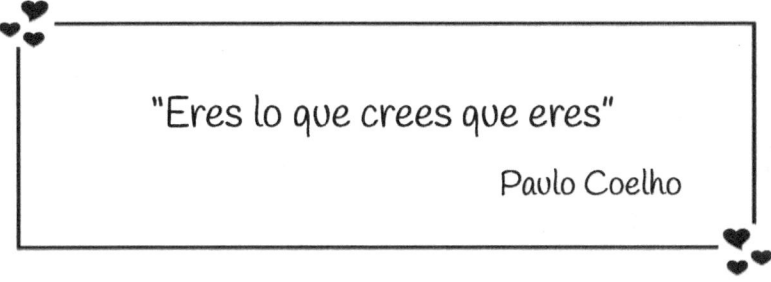

"Eres lo que crees que eres"

Paulo Coelho

• •

Si tú no necesitas la estima externa, sino que tú te la proporcionas, entonces tienes un maravilloso chubasquero frente las críticas.

• •

Cuando no necesites saber cómo otros te ven para poder determinar tu valía, serás libre.

Creer es crear

Seguro que cuando fuiste pequeño y te lo estabas pasando genial, algún adulto te sorprendió con la frase: *"aprovecha ahora que puedes divertirte"*.

Como si los adultos estuviéramos obligados por tener mayoría de edad a tener unas vidas aburridas.

Si aún permites que tu entorno delimite lo que está bien o no en tu vida, deja de hacerlo. Empieza a cultivar tu amor propio; en los próximos capítulos te enseñaré cómo hacerlo.

Ponerte a ti en primer lugar no significa que te vuelvas más arrogante o egoísta. Sino más bien, que si te sabes amar a ti primero, podrás amar de una forma más sana a los demás.

Permítete incorporar a tu vida las técnicas que te daré a lo largo de estas páginas y persiste. No seas impaciente y quieras ver el resultado ya, todo requiere un periodo de gestación.

••••••••••••••••••••••••••••••
El pintor que pinta un cuadro no ve el resultado final, salvo en su mente.
••••••••••••••••••••••••••••••

Cada cosa te llegará en su justo momento, no gastes energías en predicciones futuras, más bien gástala en acciones.

Esto supone un cambio de creencias. Y créeme que es importante que lo realices. Si en tu vida puedes encontrar algunas de las siguientes frases, es que aún tienes mucho trabajo por hacer, pero tranquilo, te mostraré cómo cambiarlas. Algunas de esas creencias son:

- ❤ Quien bien te quiere, te hará llorar.

- ❤ Las desgracias nunca vienen solas.

- ❤ Más vale malo conocido que bueno por conocer.

- ❤ El dinero no cae de los árboles.

A causa de estas creencias muchas personas dejaron atrás sus sueños y vivieron la vida que otros les diseñaron. Quizá eran muy creativos, componían canciones, cantaban… pero su familia les tatuó a fuego que *los cantantes se mueren de hambre*. Y dejaron de hacerlo…

Seguro que <u>recuerdas algunas de las creencias que ya cambiaste, como por ejemplo la de papá Noel o de dónde vienen los niños.</u>

Cuando cambias tus creencias,
viajas hacia una nueva realidad.

Por culpa de creencias limitantes, millones de personas mueren con la música dentro. Nunca realizaron sus sueños por miedo al abandono, al rechazo... Y es normal que sigan esos miedos ahí, porque nunca se los trabajaron.

Los miedos infantiles están ahí porque **desde pequeños se nos enseñó que si no hacíamos lo que querían nuestros padres, éstos se enfadarían.** Y para un niño pequeño que sus padres se enfaden **significa que lo podrían abandonar y que se quedaría solo, por lo que deduce que hay que portarse bien y hacer lo que ellos digan.** Este miedo infantil, estuvo bien mientras éramos niños, pero ahora que ya somos adultos, sigue albergando en nuestro interior y no se puede permitir.

No pretendas hacer lo que les agrada a los demás. Si haces eso, dejarás de ser tú para convertirte en alguien que no eres. <u>Los demás acabarán amando al actor, y no a la persona real que eres tú, ya que hubieses escogido otra cosa muy distinta.</u> Entonces, si no te están amando a ti, tal y como eres ¿para qué vas a hacer lo que a otros les agrada?

Creencias que deberás desprogramarte

Revisa las siguientes creencias, quizá tengas alguna en tu programación y hasta ahora no hayas sido consciente de ella. Algunas de las cargas que llevamos a nuestras espaldas son:

- ♥ No aciertas ni una.
- ♥ Así no llegarás a ningún lado.
- ♥ La curiosidad mató al gato.
- ♥ Piensa mal y acertarás.
- ♥ La vida es dura.
- ♥ No te fíes de nadie.
- ♥ El amor duele.

Tú eres libre de decidir que parte del equipaje quieres sacar de tu mochila particular.

Rompe con todas tus creencias limitantes de una vez por todas.

Rompiendo paradigmas

Un paradigma es una forma particular de ver las cosas. Tienes que romper el viejo paradigma de **TENER- HACER- SER**. Este paradigma dice que para ser alguien en la vida has de hacer y de tener ciertas cosas.

Por culpa de estos paradigmas, hay muchas personas ahí afuera buscando cosas que las hagan sentir felices. No hablo sólo de cosas materiales sino también de ascensos, títulos, parejas... Se olvidan de donde se encuentra verdaderamente la felicidad, que es en ellas mismas y en su progreso. No en el estatus que muestran de cara a las galerías.

Si buscas ser de una determinada manera, empieza por actuar como si ya lo fueras.

Todo comienza en tu interior, y no al revés como nos lo han querido vender. No seas del tipo de persona que dice: **<<*claro, para ti es fácil porque tú ya tienes...*>> este paradigma no funciona, no seas la persona que cree que para ser, primero hay que tener. Es al revés.**

¡Primero ser, luego tener!

Deja de juzgarte

El pasar el tiempo juzgándote por errores que has cometido, no te está trayendo nada provechoso a tu presente. Deja de decir: *"ay, que mal, si hubiera hecho aquello en lugar de esto..."* Céntrate en lo que sí que puedes hacer de ahora en adelante.

Si tuvieras una máquina del tiempo que te transportase al pasado tendría sentido pensar en lo que hiciste mal porque lo podrías reparar. Pero no la tienes, así que deja ya de juzgarte.

Si algo hiciste mal en el pasado, déjalo estar. Esta claro que si lo hiciste mal no fue adrede, nadie es tan tonto como para querer hacer algo mal y encima hacerse daño a si mismo. ¿No te parece?

Piensa en lo que puedes hacer ahora.

Si algo hiciste mal, más bien mira que lección aprendes de ello. **En lugar de tratar de esconder ese hecho en tu mente, porque te avergüences o te sientas culpable. Ya que el mensaje que te mandarás entonces será negativo, e inconscientemente sentirás que mereces un castigo por ello.**

Instrucciones del libro

LEE

PIENSA

SUBRAYA

ACTÚA

Puedes empezar a leer por cualquier capítulo

Lleva una libreta contigo para escribir tus píldoras de éxito

Reflexiona y pon en práctica las ideas

Parte 1:
El amor de tu vida eres tú

Amor propio

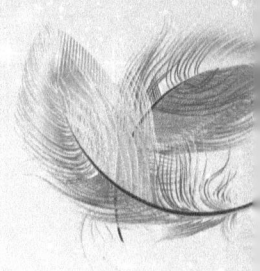

Confía en ti.

Todos tenemos sueños pendientes de realizar, pero son pocos los que se remangan el jersey y se ponen a trabajar. La mayoría no hace nada por falta de confianza en ellas mismas.

> Quiero recordarte que no existe, ni existirá nadie como tú en todo el universo. El lugar que ocupas hoy en tu entorno estaba libre antes de que tú llegarás y volverá a quedar vacío en el momento en el que dejes esta vida.

Vales muchísimo.

> "Antes de encontrar a tu alma gemela,
> primero debes descubrir la tuya"
>
> Charles F. Glassman

Valórate como mereces.

"Cada segundo que vivimos es un momento nuevo
y único del universo,
un momento que jamás volverá...
Y ¿qué es lo que enseñamos a nuestros hijos?
Pues les enseñamos que dos más dos son cuatro,
que Paris es la capital de Francia.
¿Cuándo les enseñaremos, además lo que son?
A cada uno de ellos deberíamos decirle:
¿Sabes lo que eres? Una maravilla.
Eres único. Nunca antes ha habido
ningún otro niño como tú.
Con tus piernas, tus brazos,
con la habilidad de tus dedos,
con tu manera de moverte.
Quizá llegues a ser un Shakespeare,
un Miguel Ángel, un Beethoven.
Tienes todas las capacidades.
Sí, eres una maravilla."

Pau Casals

El miedo a no ser demasiado bueno, a que se burlen de tus sueños o de no saber exactamente el camino a seguir, son algunos de los factores limitantes que en algún momento, te han frenado en seco.

En cien años todos estaremos muertos, así que ¿qué más da lo que cada uno opine de ti y de tus decisiones? <u>Vive la vida que crees que te pertenece, deja de compararte con los demás.</u> Con la única persona con la que se te permite compararte es contigo mismo, así sabrás si estás avanzando o no. Cada uno lleva su ritmo.

Te voy a contar el porqué hacemos o no hacemos las cosas. Todo tiene un sentido y una lógica aunque a veces no nos hayamos parado a reflexionar acerca de ello. Cuando conozcas la causa que determina que te lances o no a por tus sueños, te convertirás en alguien imparable, pues ya sabrás cómo controlar tu destino.

Las personas exitosas que aplican este conocimiento dominan su futuro con más eficacia que el resto, por eso están donde están. ¿Quieres conocer de qué se trata? Estoy segura de que la respuesta es SÍ, SÍ, SÍIII... Asíque adelante, sigue leyendo.

La respuesta a por qué las personas reaccionamos de una forma u otra ante un desafío es la siguiente: **actuamos por AMOR o POR MIEDO.**

Piensa que la elección es como usar un interruptor.
O seleccionas amor o seleccionas miedo.
Ambos no pueden ser. O luz u oscuridad.

Te lo explicaré más detalladamente. Imagina que tu sueño es ser cantante, tienes una voz bonita y te gustaría explotar tu talento. Tienes dos modos de actuar:

- ♥ *Por amor a tu pasión:* Es cierto que tienes incertidumbre, pero aún así es algo que te hace vibrar. Cuando cantas te sientes pleno, asique te apuntas a todos los castings televisivos que encuentras, subes tus canciones a YouTube, empiezas a cantar en pequeños locales los fines de semana… El amor a tu pasión es lo que te mueve, no hay nada que te frene, eres invencible.

- ♥ *Por miedo a tu pasión:* Te encanta cantar, pero exponerte al mundo es bastante duro y no sabes si estarás preparado para ello. Te dices que las personas son muy críticas con las nuevas voces, además qué va a pensar tu familia ¿cantante?, mejor me dedico a estudiar una carrera y ya cantaré en casa, total hay muchos cantantes y el mercado musical ahora está saturado. El miedo a la incertidumbre, a las críticas, a no ser suficiente ante tu pasión es lo que te frena.

Seguro que alguna vez te has enfrentado a un gran desafío y tras haberlo superado te has dado cuenta que no era para tanto y que no valía la pena el sufrimiento inicial. Eso no quita que en su momento te tuvieras que esforzar y que te llevase bastante tiempo lograrlo, por eso, era un desafío, de lo contrario ya lo tendrías. Lo que trato de explicarte es que tu mente al principio, siempre tratará de sabotearte, poniéndotelo demasiado complicado, diciéndote: *que eso no es para ti, que no sabes dónde te metes, que no tienes suficiente dinero para empezar….*

Otro ejemplo en el que se ve claramente cuando actuamos por miedo, es en las escenas de pareja donde existen **celos**. Imagina que vas a un restaurante y tienes la sensación de que tu pareja se fija en otra persona, entras en cólera y empieza un ataque hacia tu pareja. ¿Cuál es aquí el miedo? Actúas por miedo a no ser suficiente para la otra persona, tienes miedo al abandono.

La clave en este caso será descubrir porqué tienes ese miedo al abandono, una vez que lo descubras y lo superes, ese ataque de celos no tendrá cabida en tu vida. Piensa que **tratar la ira del momento sólo paliará la situación del momento, pero no las futuras.**

Es como una enfermedad que se manifiesta mediante síntomas. **El síntoma en el caso anterior sería la ira del momento, puedes paliarla con un medicamento, pero como realmente no has sanado la enfermedad, más adelante ésta volverá a atacar.** Por lo que la única solución es resolver la enfermedad: el miedo al abandono.

> Imagina que cada vez que montas en cólera por miedos fueses grabado, de seguro querrías que inmediatamente borrasen esa grabación. No te sientes orgulloso cuando actúas así. Por lo tanto, deberás minimizar las situaciones que te lleven a ella.

Una vez me explicaron una técnica que cambió mi forma de afrontar las decisiones. Me parece tan sencilla y práctica de aplicar, que cuando se me presenta un reto rápidamente la aplico.

Te la voy a contar para que dejes de paralizarte por el miedo, y puedas empezar a dejarte influenciar más por el amor a tu pasión.

Voy a tratar de liberarte de los malos pensamientos momentáneos que son los que te frenan, porque admitámoslo, **el miedo en cierta medida es bueno, su mecanismo es sano, él trata de evitarnos dolor y sufrimiento.** Lo malo que tiene es que no siempre anda muy fino y se equivoca.

El método que aplico es la regla del 10. No sé quien es su inventor, pero es una pasada y le doy las gracias por transmitírmela.

Esta regla consiste en que ante un desafío al que te tengas que enfrentar, primero te preguntes ¿qué pasará en:

- los 10 próximos minutos si tomo "x" decisión?
- y en los próximos 10 días?
- y en los próximos 10 meses?
- y en los próximos 10 años?

Si tienes que tratar un tema delicado con tu jefe y no sabes cuándo hacerlo, pregúntate qué repercusión tendrá dentro de diez años... Lo más seguro es que la respuesta sea: *nin-*

guna y que si la tiene sea a corto plazo. Así que sin excusas ¡lánzate!

Como ves quiero empoderarte, quiero que tomes acción, que nada te paralice. **Las decisiones que tomes hoy, serán las que te conviertan en la persona que serás dentro de 5, 10 o 20 años.**

El miedo instantáneo suele ser el que te frena, pero cuando empieces a pensar más en la repercusión a largo plazo, te darás cuenta que asumir el riesgo y la incertidumbre inicial merece la pena.

Todos tenemos ese miedo, ¿crees que a Beyoncé no le entra el gusanillo y le provoca algo de miedo salir al escenario cuando la esperan miles y miles de personas? Por supuesto. A todos nos lo daría. Pero lo que la diferencia del resto es que se lanza y sale con mucha fuerza al escenario. Nada la frena, **su AMOR POR SU SUEÑO, hace que las críticas y los miedos queden en segundo plano.** Por eso, está donde está. Ésa es la clave del éxito.

Muchas personas se quedan en la búsqueda de excusas de porqué no hacer algo, para que cuando alguien les pregunte porqué no lo hicieron, los demás queden satisfechos con su respuesta.

Y tú, ¿qué eliges?

¿Buscar excusas o tomar acción?

Es una lástima que algunos piensen así y que dejen atrás sus sueños. Tú HARÁS LO CONTRARIO, buscarás los motivos de porqué SÍ HACERLO. La perspectiva lo cambia todo, ¿te das cuenta?

La excusa que más me duele escuchar es: *no puedo hacerlo porque tengo hijos… y con los hijos se van el tiempo y los recursos económicos*. Está bien que estas personas no lo hagan, pero no tanto poner a sus hijos como barrera, entre tus sueños y ellos. **Piensa en lo doloroso que es para un hijo, saber que sus padres no hicieron algo porqué él nació. De alguna manera lo culpabilizan, ya que lo ponen como obstáculo.**

Más bien, deberían hacerlo por ellos, porque si los padres son felices, se lo transmitirán a sus hijos y crearán en ellos la mentalidad de lucha y perseverancia. Serán un ejemplo andante para ellos.

No des lecciones de qué hay que hacer.

Sé el ejemplo que muestre el camino.

Y quizás pienses ¿y si sale mal? Si sale mal no pasa nada, será una experiencia que contar, pero aún así quedará patente que sus padres tuvieron agallas para salir adelante. Yo, sin lugar a dudas prefiero que en el peor de los casos me cuenten que, lo intentaron y fallaron, a que me digan: *"podía haberlo hecho pero ya naciste tú…"*

Los sueños no son negociables. Sobre mis sueños, mi entorno me suele preguntar cosas como que: ¿Cómo lo hago? o *¿Qué cómo soy tan perseverante cuando tengo una idea?* Y la respuesta es que **tan sólo me pongo en marcha con cada decisión que tomo.** Por supuesto que tengo trucos, claves o pasos que doy antes de lanzarme, esos pequeños trucos que utilizo te los revelo en el libro. Me nutro del conocimiento de los que ya lo han hecho, de los que ya tienen el resultado que yo deseo porque son los que realmente saben de lo que hablan y los escojo como guías. Me gusta modelar a los triunfadores. Hay muchos vendedores de humo, siempre he tratado de llevar cuidado con eso.

Busca siempre personas con resultados

Una de las cosas que me mantiene activa en la persecución de los sueños, es que **cada año o cada dos como mucho, persigo un gran sueño. Te animo a que hagas algo que te resulte retador y te saque de tu zona de confort.** En mi caso, me lanzo a por sueños en todos los ámbitos. A nivel profesional: hacer un máster, obtener una especialidad, lanzarme con un nuevo proyecto como este... En pareja: la boda de mis sueños, viajar por el mundo, tener un bebé (que es el actual, pues esperamos a nuestra primera hija mientras escribo estas líneas). A nivel personal: escribir libros y expandir conocimientos que ayuden a las personas a explotar su máximo potencial.

Cuando tienes grandes retos, te decides, te lanzas tras ellos y los consigues, quizás sin darte cuenta, estás haciendo algo increíble para tu futuro… **Pues te has creado un maletín lleno de herramientas para afrontar los próximos desafíos.**

"Tus actuales circunstancias no determinan dónde puedes ir; se limitan a determinar por dónde empezar"

Nido Qubein

Te reto a que hagas lo mismo; a que te crees una lista de grandes sueños que cumplir cada pocos años, es alucinante la emoción que sientes mientras estás en marcha.

El momento es ahora. **Todo en la vida lo vas a poder adquirir en las cantidades que desees, menos una cosa, el tiempo.** Éste no te va a regresar. ¡JAMÁS! Asique más vale que lo aproveches, **aún no está a la venta en supermercados.**

"Daría todo lo que tengo a cambio de más tiempo"

Isabel I

El problema es que empezamos a ser conscientes de ello, sólo cuando nos queda poco. En ese momento, empezamos a valorar más nuestros días.

Empieza a disfrutar más de tu día a día. ¿Qué más da que sea jueves, lunes o domingo? ¿Qué aún no trabajas en el trabajo de tus sueños? Genial (mente positiva), piensa que estás generando ingresos para hacer con ellos algo que deseas.

> Los años pasan y como no hagas de ellos algo que te haga realmente feliz, cuando tengas 80 años te arrepentirás de no haber hecho tus sueños realidad con 60, con 40 o con 25 años. Sabes que lo que te digo es muy cierto, puedes ignorarlo o puedes tenerlo muy presente cada día.
>
> Espero que lo tatúes a fuego en tu corazón.

Si no te gusta lo que has tenido hasta ahora, cambia tu presente, confía en ti, eres poder en potencia. Tu pasado define tu presente, y en consecuencia **lo que hagas en este presente (hoy) definirá tu futuro (dentro de 5, 10 o 40 años)**.

Hoy es el día de dar un paso delante, de decir: *aquí estoy yo, y esto es lo que quiero dar de mí al mundo, ésta es mi huella, mi granito de arena...* No sé cuál es tu legado ¿un libro? ¿una película? ¿una fundación? ¿una canción? ¿un cuadro?

¿un invento? ¿una vacuna? ¿un método para hacer algo más rápido y mejor?... Existen tantas formas de legado como personas hay en el mundo. Mi huella en el mundo quiero que sea a través de mis libros, quizá tú también quieras esto y déjame decirte que deberías hacerlo.

Esto me recuerda a esos momentos en los que vas a un baño público, por ejemplo un parque de atracciones, y te encuentras en las puertas de los baños, los nombres de los visitantes junto con los de sus parejas o amigos y una fecha. Estas personas, a menudo jóvenes, pretenden sellar su paso por el lugar. Yo con mis libros, de algún modo también pretendo decir: "*Ey, María un día estuvo aquí*" y dijo algo que podría ayudarte en la persecución de tus sueños.

Todos queremos dejar nuestra huella, algo que diga que nosotros también pisamos este mundo. Debes impactar en el mundo con tu mensaje. Pero pocos lo haremos, espero que tú estés en mi grupo. **Nuestra estancia en el mundo es corta, no seamos simples estrellas fugaces.**

¿Se te remueve algo por dentro cuando lees acerca de dejar un legado? ¿Sientes mariposas al pensar en tu idea? ¿Quieres dar un paso más? Déjame ayudarte, te traigo algo que a mí me ayuda cuando sé que tengo que ponerme en marcha, pero en ese momento prefiero hacer cosas más vagas y procrastino.

Las personas tendemos a posponer aquellas acciones que de hacerlas de manera rutinaria y convertirlas en un hábito podrían cambiarnos literalmente la vida.

Pensamos que las pequeñas acciones no suman porque somos cortoplacistas. Pero si buscas ser un conquistador de sueños tendrás que dejar de serlo y empezar a pensar más a largo plazo.

Te voy a desvelar algo que cambiará tu forma de cómo hasta ahora has hecho las cosas. Dejarás de procrastinar radicalmente.

¿Me crees?

¿Confías en mí?

Pues sigue leyendo, no tiene desperdicio...

Tiempo atrás leí un libro que me hizo un *click* mental brutal, me reveló el secreto de empezar AHORA con mis acciones y dejar de vaguear o buscarme excusas que justificaran mis decisiones de no hacer algo. Quizá conozcas a la autora, se llama Mel Robbins y su **técnica es la regla de los 5 segundos.**

Te explico en que consiste...

• •

Cuando pretendas hacer algo y te digas: ¡Uy, ahora no...! Haz una cuenta regresiva 5, 4, 3, 2, 1... ¡ya! Y tal como

> ## si fueses un cohete te pondrás en pie y lo harás. Sea lo que sea que te hayas prometido hacer.

Hoy mismo te invito a que la pongas en práctica. Gracias a ella, Mel Robbins dio un cambió brutal a su vida. En su libro relata cómo pasó de la más absoluta pereza, al logro de cosas fascinantes.

Tú puedes aspirar a ser una versión mejorada de ti mismo, no seas copia de nadie, existiendo originales ¿quién quiere una copia?

Cuando hago memoria y vuelvo atrás en la historia de mi vida, me doy cuenta de que cada vez que he buscado un cambio, y he aplicado pequeños pasos cada día, al final he visto un gran resultado (alimentación, deporte, estudios…). Más aún, en los días que menos ánimo tenía. En los días de estudio en los que afloraba la desgana, me decía: *venga María, media hora nada más*… Hacía aquello que me había propuesto y luego siempre conseguía alargar algo más esa media hora. Con esto procuraba no romper el hábito.

Pequeños pasos diarios = grandes resultados

No romper el hábito es más importante de lo que crees; es lo que te hace ser imparable. Pues cuando miras atrás, te das cuenta de que <u>has sido capaz de mantener tu palabra de hacer algo y eso te da un subidón increíble.</u>

Después de todo lo que te he contado en estas páginas, espero que hayas ganado más confianza y te hayas cuenta de que puedes empezar a hacer todo lo que te propongas.

Para la conquista de tus sueños necesitarás los siguientes ingredientes: invertir tiempo, esfuerzo y tener la actitud positiva de un auténtico guerrero amazona.

¡Éxito garantizado!

Si aún te quedan dudas, no te preocupes porque estoy empeñada en sacar todo el arsenal de herramientas de batalla y brindarte todos los recursos para que saltes al ruedo seguro de ti mismo.

Quizá después de lo que hemos hablado me podrías decir: *"María eso suena genial, me levanto como un cohete con la técnica de los 5 segundos pero, ¿y después?".*

Puede que lo que estés haciendo sea una actividad que te requiera una concentración mantenida o puede que al principio, cuando decidiste iniciarte en ella tuvieras el entusiasmo por las nubes, pero que con el paso del tiempo te hayas ido saturando y ya no tengas ganas de seguir...

Paciencia...

Tengo una solución también para eso. Si me conoces sabes que he llevado una vida de estudiante de no parar, tras finalizar mi carrera universitaria vinieron los másteres, las oposiciones, la residencia... En fin, periodos de mucho estudio a largo plazo, que requerían altas dosis de concentración. Probé muchos métodos que me permitiesen rendir al máximo y durante el máximo tiempo posible, y ¿sabes qué? Conseguí un método que de verdad me sirvió. Este método sirve para estudiantes, escritores, músicos... en definitiva, cualquier actividad que requiera altas dosis de concentración.

Atento, no tiene desperdicio, vas a rendir como un crack, la técnica es sencilla y motivadora pues cuando la implementas te sientes satisfecho por tu rendimiento.

Es la **técnica Pomodoro**, inventada por Francesco Cirillo, un universitario italiano, que le puso este peculiar nombre en honor a los relojes con forma de tomate (pomodoro en italiano) que se usan en la cocina.

La técnica **consiste en dividir la actividad en periodos de acción masiva y periodos de descanso que se controlan con un reloj** (yo me ponía alarmas, así no tenía que estar constantemente mirando el reloj y fluía en la actividad). El inventor usaba los relojes de cocina con forma de tomate.

Los tiempos se dividían originalmente en:

- Periodos de 25 minutos de acción masiva.
- Periodos de descanso de 5 minutos.

Estos tiempos los puedes variar a tu gusto. A mí, me parecían buenos tiempos 50 minutos de acción masiva y 10 minutos de descanso (caminaba, escuchaba música, leía, iba al baño, picaba algo…). Con esto conseguía alargar muchísimo mis horas de estudio. Pues lograba mantener la concentración durante un gran periodo, lo exprimía al máximo y tras eso, descansaba mi mente unos minutos; para después volver a la carga.

Me recuerda un poco a cuando estás haciendo ejercicio físico y entre ejercicio y ejercicio dejas a los músculos descansar durante un corto periodo de tiempo, para luego volver a entrenar fuerte.

Por supuesto, y como siempre te digo, adáptalo a tus necesidades. Lo que yo te proporciono son trucos para que extraigas lo mejor de ti, sin caer en la extenuación, no son reglas rígidas a seguir.

Tú diseñas tu vida.

Te confieso que tenía días en los que quizá no me encontraba al 100%, y antes de tirar la toalla decidía llevar la técnica a cabo pero reduciendo los periodos de acción masiva, los reducía a 30 minutos y me premiaba con otros 5 o 10 minutos. Con ello, conseguía mantener la rutina de estudio. No saturaba mi mente, pero a la vez seguía adquiriendo conocimientos. Para mí, esto significaba un día más de estudio en lugar de un día perdido.

<u>Por supuesto, el día que hagas esto no estarás en tu 100% ideal, pero darás lo mejor de ti en proporción a cómo te</u>

encuentres ese día, lo importante es que será un día productivo y no un día tirado a la basura. En cambio, si lo único que haces es rendirte y no hacer nada, tendrás un día improductivo perdido.

Estoy segura de que hasta en los días más grises puedes dar lo mejor de ti.

Piensa que mientras tú te lo piensas o no haces nada, otro te está tomando ventaja. Y si por ejemplo te enfrentas a una oposición, y opositas por un puesto de trabajo, créeme que todo tiempo de estudio cuenta.

• •

Quizá ese día no corras la carrera completa, pero si caminas, ya estás ganando metros. Si de lo contrario, optas por quedarte en el sofá, no habrás recorrido ni 0,5 km extra.

• •

Hoy, para descansar, podrás caminar; pero mañana deberás hacer un pequeño sprint y recuperar lo perdido… No olvides, que **cuánto menos tiempo pases caminando, luego menos tiempo tendrás que aguantar haciendo sprint.**

Aún te quedan muchos secretos por descubrir en este libro, te prometí algo alucinante y lo vas a descubrir. El camino hacia tus sueños ya se ha puesto en marcha y esto no ha hecho más que comenzar...

Si quieres más aventuras, sigue leyendo, aún hay mucho por desvelar...

Cree en ti

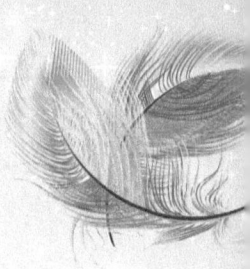

Hay una historia que me encanta, es la historia de Bukowski. Un hombre de 50 años, que llevó una vida de fracasos literarios hasta que una editorial le prestó algo de interés. Aprovechó esa pequeña oportunidad en la que ni siquiera le prometían apenas dinero, pero sabía que quizá era la única oportunidad que iba a tener. Se dijo a sí mismo: *"Tengo dos opciones quedarme en la oficina postal (donde trabajaba) y volverme loco...o quedarme fuera, jugar a ser escritor y morirme de hambre. He decidido morirme de hambre".*

Publicó su novela en tres semanas: El Cartero. Y en la dedicatoria escribió: <u>No está dedicada a nadie.</u> Su éxito empezó en solitario, y de él surgieron cientos de poemas, seis novelas, y una venta de dos millones de libros. ¿Dime si esto no es fe en uno mismo? Bukowski, fue un hombre seguro de sí mismo que no necesitó demostrar nada a nadie.

> Deja de pensar en las oportunidades del pasado que se te escaparon, en aquel momento tomaste la mejor decisión que pudiste tomar con los conocimientos que tenías.

Cuando aceptas de tu pasado una experiencia negativa, directamente la estás convirtiendo en una experiencia positiva. En el momento en el que haces el cambio, tu mente cambia y aprende algo nuevo.

"Nunca serás feliz si continuas buscando en qué consiste la felicidad. Nunca vivirás si estás buscando el significado de la vida"

Albert Camus

Hay personas que viven el momento al máximo, disfrutan de lo que hacen y logran cosas increíbles. Eso es porque vibran a una frecuencia elevada y atraen cosas, situaciones y personas que vibran en esa misma frecuencia. Seguro que conoces a alguien así.

"La conciencia es como una cebolla. Posee múltiples capas y cuanto más la peles, más posibilidades hay de que comiences a llorar".

Los hay que no quieren tener problemas de ningún tipo y piensan que con dinero se solucionarían sus problemas, pero se olvidan de que los ricos también tienen problemas. **Warren Buffet, uno de los mejores inversionistas, tiene problemas de dinero pero es que el mendigo del semáforo también tiene problemas de dinero. La diferencia es que los problemas de dinero de Buffet son mejores que los del mendigo.**

Para llegar a la posición de Buffet hay que trabajárselo muchísimo. Muchos no se dan cuenta de que **por lo que no alcanzan sus objetivos es porque únicamente les gusta verse en la cima.** No quieren ver que para llegar ahí, deberán hasta en los días de lluvia escalar con esmero.

"Yo creía que el cerebro humano era el órgano más increíble de mi cuerpo. Después me di cuenta de quién me lo estaba diciendo"

Emo Philips

Nuestra mente se encuentra distorsionada por los medios de comunicación, que nos muestran lo que en ese momento mueve más dinero. Esta información siempre se encuentra en: LOS EXTREMOS. **Quieren que abras los ojos sorprendido por la información y te quedes enganchado a ella (un joven que rescató un anciano de un edificio en llamas, un atracador que mató dos personas...) Sin embargo, la gran mayoría de vidas residen en el medio, en la monotonía, muy lejos de esos extremos.**

Pero todo eso no es información de calidad, no es información que te haga crecer, es información para pasar el rato. Debes mantenerte abierto a la información nueva. Cuánto más admitas que no sabes algo, más posibilidades tendrás de aprenderlo. Admitirlo es tan importante como que el paso previo a aprender algo, es desconocerlo.

> Dice el refrán que: "El hombre que cree saberlo todo, no aprende nada".

Para exprimir todo tu potencial vas utilizar los tiempos a tu favor. Según la **Ley de Parkinson**, enunciada por Cyril Northcote en 1957: *"El trabajo se expande para llenar el tiempo disponible para su realización"*. Es decir, que si te piden una tarea para dentro de tres días, dicha tarea te llevará realizarla esos tres días; si te hubieran dado diez días, te llevaría diez días.

Antes de seguir explicándote qué hacer, te voy a presentar otra ley que complementa a la anterior, es la **Ley de Manson, que dice que:** *"Cuánto algo más amenaza tu identidad, más lo evitas"*.

> Por tanto, si algo te está costando bastante es porque hay algo en ti que debes cambiar o desarrollar para lograr tu objetivo.

Hay ciertas situaciones que nos causan un miedo inherente, incluso aunque éstas puedan cambiar nuestras vidas extraordinariamente.

•••••••••••••••••••••••••••••••••

Acepta los cambios con sabiduría, porque en el momento en el que pierdes los papeles, automáticamente ya pasas a estar perdido.

•••••••••••••••••••••••••••••••••

Te voy a pedir una cosa más.

Atento porque esto que te voy a decir es una gran revelación, pues quizá nunca te hayas dado cuenta. Cuando te encuentres diciendo a alguien **<<esto que te voy a contar puede que te parezca absurdo, pero...>>** si escuchas esto viniendo de ti o de alguien... lo que va detrás del *pero* **es realmente importante para esa persona**, sólo que tiene miedo a decirlo debido a las críticas que cree poder recibir. Teme que no se entienda la idea y le tachen de loco...

Vales mil veces más de lo que crees

*El éxito es personal,
nadie te puede decir qué es y qué no es exitoso.*

Muchas personas creen que el éxito personal se encuentra en la fortuna que tienen. No somos el dinero que tenemos, somos mucho más que eso. Pero, ¿te has parado a pensar cuánto vales realmente? Si tuvieras que poner un precio a tu cuerpo, dime, serían: ¿600.000 euros por tus pies? ¿Un millón de euros por tus ojos?

Nuestro valor es incalculable.

Lo sabemos, pero a menudo nos olvidamos de lo valiosos que somos.

Desafortunadamente hay personas que se venden muy baratas, que entregan su vida a un trabajo que no les recompensa igual y no tienen aspiración a salir de ahí. Estás compuesto del material más increíble que se necesita para lograr una vida extraordinaria, asique no lo desperdicies.

Ahora que ya eres consciente y has tomado conciencia sobre este tema: ADELANTE. Conviértete en una persona de acción. Comprométete con ser un hacedor, un arquitecto de sueños.

Escribe tu objetivo en hormigón y tu plan de acción en la tierra. ¿Por qué el plan en tierra? Porque si tienes que modificarlo lo podrás hacer, podrás borrar lo que quieras y sustituirlo con facilidad. <u>Flexibilidad</u> es la clave. El destino es lo que nunca cambia.

> "Bienaventurados los que saben donde van porque sabrán cuando habrán llegado"

Piensa. ¿Qué puedes hacer hoy para que tu día se acerque un paso más hacia esa vida extraordinaria? **Tomar acción masiva.**

Fisiológicamente hoy sabemos que el cerebro es plástico, que se puede moldear. Podemos repetir ideas en nuestra mente y crear nuevas redes y rutas. **Puedes convertirte en la persona que quieres ser, si sabes cómo autoempoderarte y lo mantienes en el tiempo.**

> "Una persona constante llega más lejos que una persona inteligente"
>
> Enrique Rojas

Y es que aunque falles, si sigues intentándolo, llegará un momento en el que por mera probabilidad, la llave tenga que entrar en la cerradura.

Seguro que conoces la historia del hombre que llevaba picando 120 metros para encontrar el tesoro pero viendo que no lo encontraba, desistió y lo dejó. Al rato, llegó otro hombre que picó tres metros más y alcanzó el tesoro. ¡Guau! a sólo tres metros estaba. Pero, EL PRIMERO DESISTIÓ. No tuvo la perseverancia que se le requería y por ello no fue merecedor del premio.

• •

Nuestra cabeza nos juega malas pasadas y nos hace meternos en el agujero más profundo y dar por acabada la partida.

• •

Aquí es donde usarás tu **Inteligencia Emocional**. Algunos creen que esto es tener que ser feliz todo el rato, y no es así. Es **saber autogestionarte y que aunque estés mal sepas automotivarte para volver a estar bien**.

Aunque te lluevan los desafíos, haz como el caballo que se sacudía la tierra. Una vez me contaron que querían matar a un caballo. Para ello, cavaron un agujero de diez metros, metieron al caballo y empezaron a echarle tierra. El caballo conforme le echaban la tierra, se la sacudía, ésta caía al suelo y la pisaba. Asique a más tierra le echaban, más arriba del agujero se encontraba. Hasta que llegó un momento en el que tan arriba estaba, que pudo saltar y escapar.

Todos sabemos ser felices, pero a veces se nos olvida el cómo. Empezamos a tener miedos de cosas que no conocemos. Pero, piénsalo, ¿por qué? **Si no conoces que va a pasar, para que te inventas lo negativo y no te lanzas por ello. ¿Dónde está el *puede salir bien*?**

> Deja de quedarte en casa hecho un rollito de primavera con las sábanas y sal ahí fuera a pelear por tus sueños.

Tendemos a ser muy negativos, piensa en los momentos vividos tras una ruptura de pareja, en los que nos ponemos a escuchar canciones como: "*Sin ti no soy nada...*" de Amaral u "*Olvide respirar, al sentir dejarte atrás...*" de David Bisbal. Así, es que imposible ser positivo por más que quieras. Las tijeras que cortan tus alas están en tus manos.

Quizás tú no lo hagas, pero la mayoría de los que están ahí fuera lo hacen... Créeme.

> Identifícate cuando te veas en una situación similar, modifícala, y cambiarás tus resultados.

En las conversaciones también hay formas de detectar el negativismo, y poder detenerlo. Te propongo que a la hora de tener conversaciones, elimines los "*pero*".

Como bien sabes, los *pero* niegan la primera parte de la frase y la vuelven negativa. Anulan la primera parte. Ejemplo: *estar contigo es un plan genial para hacer esta tarde pero la lluvia hace que no me apetezca salir.* ¡Todo anulado!

Acéptate en tu totalidad

Conforme vayas aceptando aquello que no te gusta de ti o que te parece un defecto, dejarás de sentir vergüenza a que alguien se pueda fijar en ello... ¿Qué es eso de que tienes una nariz muy grande, que eres muy bajo, muy alto, muy delgado, pelirrojo, moreno...? Enfócate en tu interior y en aquello que puedas mejorar. Es lo único interesante que debes mirar.

Es absurdo centrarse en las cosas físicas que nos diferencian a unos de otros, pues son nuestra carta de presentación, debemos aceptarlas cuánto antes.

El Jardinero

Te voy a contar la historia del jardinero que transformó algo vacío en algo grandioso.

Atento...

> Un hombre compró un terreno lleno de rocas. En unos años lo convirtió en un jardín hermoso lleno de lindas flores. Un día soleado, se presentó un ermitaño en el famoso jardín. El ermitaño quería comprobar si este jardinero aún creía en el Creador.
>
> -Jardinero, Dios te ha bendecido enormemente con este maravilloso jardín. -Dijo el ermitaño.

—Ciertamente, buen hombre. Si no hubiese sido por el sol, la lluvia y las estaciones no existiría el jardín que hoy ves aquí. (Hizo una pausa y continuó). Pero tendrías que haber visto este lugar hace unos años, cuando sólo Dios se ocupaba de él.

Toda una lección para los que creen que las cosas suceden solas o que sólo por pedir las vas a obtener.

Tenemos el don de la vida, pero lo que hagamos de ella sólo depende de nosotros.

Amamos a los demás y nos olvidamos de nosotros

Las personas tenemos una manera bastante curiosa de entender el amor. ¿Te has dado cuenta que para describir el amor siempre se describen a dos personas en una relación? Y yo te pregunto: ¿qué hay del amor propio?

En cuanto al amor en pareja, te voy a contar una leyenda que me encanta para abordarlo.

Atento...

Según cuenta la leyenda, a un hechicero acudieron una pareja de enamorados que buscando su sabio consejo.

-Necesitamos su gran consejo, nos amamos profundamente y queremos unirnos para siempre. Nos gustaría saber qué podríamos hacer para mantenernos juntos hasta la muerte. -Dijo el joven.

El hechicero quiso darles su mejor consejo, pues veía en sus rostros la emoción.

-Os pido que vayáis por separado, tú a la cima de la montaña al norte del pueblo y me traigas un águila. Y tú, mujer, a lo alto de la cima del sur y me traigas un halcón. Es imprescindible que ambos animales lleguen con vida.

La joven pareja se abrazó con ternura y por separado partieron para cumplir sus respectivas misiones. Los días pasaron y los jóvenes al fin regresaron al hogar del hechicero. Ambos traían dos grandes sacos con los ejemplares vivos del águila y el halcón.

-Hemos cumplido tus sabios deseos, hechicero, ¿qué debemos hacer ahora? -Preguntó el joven.

-Tomad las aves y amarrarlas entre sí por las patas con esta cinta de cuero, cuando estén bien sujetas soltadlas para que vuelen en libertad. -Sentenció el anciano.

La joven pareja así lo hizo, pero enseguida comprobaron que las aves no podían volar en libertad, ya que apenas podían moverse atadas. Pronto, empezaron a estar rabiosas por la situación y no tardaron en agredirse con violencia para lograr librarse la una de la otra.

-No olvidéis esta escena, pues vosotros sois como el águila y el halcón, si estuvieseis amarrados el uno al otro, aunque fuese por amor, perderíais la capacidad de ser libres y tarde o temprano empezaríais a lastimaros. Para que vuestro amor sea duradero volad juntos, pero nunca amarrados.

Cuando hablo de amor propio. <u>NO te hablo de ego</u>, ni de personas narcisistas. Te hablo de un amor puro, de tener palabras cariñosas hacia ti mismo.

Todos tenemos una voz interior que dependiendo de cómo la hayamos educado, así nos hablará.

• •

El amor nunca sobra, el amor cuanto en mayores cantidades venga, mejor, nunca sienta mal, te aseguro que es de fácil digestión. Te receto que lo tomes a cantidades industriales.

• •

Lo que muchas personas desconocen es que decir no a planes ajenos, es decirse un gran sí a ellas mismas.

El decir no a algo que la otra persona te está proponiendo no es rechazar a la persona y hacerle daño, es simplemente declinar la propuesta.

> Nuestra voz nos puede hablar de dos maneras:
>
> - <u>Con palabras de aliento</u>: "tú puedes con esto, ya has logrado cosas más complicadas".
>
> - <u>Con palabras destructivas</u>: "otra vez te ha vuelto a pasar, siempre que lo intentas lo terminas fastidiando todo".

A la mayoría le gusta que los demás cambien: la pareja, amigos, hijos… En definitiva, que se amolden a lo que ellos creen que está bien. Pretenden hacer con los demás algo que en ocasiones, ellos mismos no han sido hasta ahora capaces de hacer.

¡Se acabó! Dejemos de cambiar el mundo, cambiémonos a nosotros mismos primero. **Permitámonos ser felices, vivir en un hogar tranquilo (que es nuestra mente), en el que dé gusto estar.**

Somos increíbles, y es en serio, dime: ¿Cuál era la probabilidad de que tú y yo nos encontrasemos a través de este libro? Prácticamente nula. Pero misteriosamente aquí estamos, unidos entre estas páginas.

Piénsalo, de verdad, te sorprenderás. Somos producto de dos personas que en un momento puntual se unieron. Un día, esas personas mantuvieron relaciones y de todos los óvulos que habían fue seleccionado el tuyo, y de los millones de espermatozoides de ese día, fue el tuyo el ganador. **Una unión perfecta por la que estás aquí. Improbable, pero no imposible, y afortunadamente ocurrió.**

Somos ganadores, invictos, imparables ¡TODOS! No es frase ñoña, ni motivacional, es real. Eres fruto de un espermatozoide y un óvulo ganador, seleccionado entre los millones que se le dieron a tu madre al nacer, de los cuales sólo unos pocos estuvieron destinados a madurar.

Gracias a ese momento instantáneo, de unión y de creación perfecta de vida, estamos hoy aquí los dos. Es por ello, que los hermanos somos tan distintos, a pesar de tener la misma genética. Somos únicos e irrepetibles.

En la historia jamás ha habido, ni habrá nadie como tú.

Eres irrepetible.

La vida es increíble, fascinante, la damos por obvia. Preferimos prestar atención a cosas superfluas, como las materiales y dejamos que ellas nos muestren nuestro grado de felicidad.

Los anuncios que hay por todas partes: radio, televisión, internet, aplicaciones... pretenden mostrarnos qué necesitamos para ser felices, para ¡vivir!

Pero es que no necesitamos nada de eso que nos muestran para vivir, a vivir empezamos, ya desde nuestra concepción. Aire, agua y alimentos es lo único que necesitamos. Y añadiría: relaciones que nos hagan sentir un amor puro, seguro y que nos brinden apoyo emocional en los momentos difíciles.

El plan de tu vida debe ser escrito por ti, al igual que si abrieses un negocio, describirías un plan financiero para no desviarte de tu ruta. Los planes son orientativos, no son algo estático e inamovible. **Deben crecer junto a ti.** Un plan que empezaste cuando tenías veinte años no tienes porqué seguirlo con cuarenta años, pues tienes más experiencia que añadir.

• •

Todos tenemos que tener por escrito un plan que describa hacia dónde queremos ir y qué cosas queremos alcanzar.

• •

Pero, ahora te hago un alto... no puedes continuar el camino, es más, no quiero que pienses en tu plan hasta que no seas consciente de lo más valioso de la vida. Hay algo que puede hacer que tu plan sea realmente exitoso, todos los que han logrado sus objetivos han empezado por ahí, y es algo que no ha faltado en sus vidas.

¿Quieres saberlo? ¿Estás realmente preparado? Ya te he dado algunas pinceladas acerca del secreto. En unos instantes te lo desvelaré. Si estás preparado, sigue leyendo porque se encuentra cerca...

Tu mochila premium

Los planes, son geniales, nos orientan, son nuestro punto de apoyo cuando nos encontramos perdidos, son como ese mapa que miramos cuando estamos en lo alto de la montaña y tenemos que decidir si saltar al río o continuar por el sendero. Tu mapa del tesoro hacia una vida extraordinaria, debe estar perfectamente trazado. Es importante que te hagas con uno, si aún no lo tienes. Créate uno que te lleve a la vida de tus sueños, pero antes vayamos a preparar la mochila.

Como buen aventurero debes hacerte con una mochila ligera, práctica y cargada exclusivamente con las cosas necesarias, nada de excesos. Cualquier cosa accesoria, hará que tu espalda se resienta durante el viaje. Sabemos que que se nos avecina un viaje maravilloso, pero no sabemos exactamente cuánto durará, por lo que **el equipamiento es fundamental.**

Tu mochila *premium* deberá ser lo más ligera y práctica que se pueda. Esa mochila será en la que te refugiarás en los días más duros: cuando llueva, haga frío, o un calor que parezca sacado de los más bajos infiernos. Por lo que abrigo, agua y chubasquero no deben faltar.

La mochila premium es tu mente,
y como todo un guerrero amazona debes ser capaz
de llenarla de cosas imprescindibles.

<u>Háblate con cariño</u>, será tu agua fresca en los momentos de sed durante el desierto. <u>En momentos de desafíos anímate y motívate</u>, serás tu abrigo cuando aceche el frío desolador. <u>Créate un repertorio de frases poderosas</u> con las que te puedas reconfortar en los días en los que la lluvia no cese de caer por tu cuerpo, esas palabras serán tu chubasquero y harán que te resbale todo lo malo.

Si estás leyendo estas líneas como todo un aventurero que busca su tesoro, creo que estarás emprendiendo el viaje para encontrar tu tesoro...

Has llegado hasta aquí para saber cómo lo han hecho las personas más exitosas. Muchos han revelado su secreto en frases que han pasado a la historia, pero pocas personas han sido las que han ahondado y buscado más allá de las palabras.

El auténtico secreto por el que lo han conseguido todo es: <u>su mentalidad.</u> Ellos se han trabajado a sí mismos, se han sabido automotivar, se han tratado con cariño. ¿Imaginas a alguien exitoso diciéndose: *soy un torpe, no sirvo para esto, se van a reír de mí...*?

Para nada.

> Se han dicho constantemente que ellos eran capaces, que ellos podían, que aguantarán un poco más.
>
> Estas personas son capaces de confiar en sus habilidades, pero es que si no las tenían las buscaban o las construían.

Usain Bolt, es el corredor que batió el récord histórico de lo que un hombre podía correr, incluso llegó más allá y batió su propio récord. En su documental se muestra como a pesar de ser un crack en lo suyo, cuando se lesionaba era criticado duramente y sus rivales lo trataban de hundir. A lo que él, en lugar de hacerse pequeño, se creció y respondió a las críticas automotivandose y tirando aún más fuerte de sí mismo. Personas como él son las que deben inspirarnos.

• •

Tú puedes, eres capaz, no hay nada que te detenga. Los límites siempre te los vas a poner tú, y si no eres capaz de ponértelos no te preocupes que hay un mundo al otro lado de la puerta deseando ponértelos.

• •

Eres responsable de crear la vida increíble que mereces, trátate con respeto. Seguro que a ningún amigo le hablarías como te hablas a ti. Estoy segura. No puedes estar diciéndole a una persona: *"vaya cagada"*, *"¿qué has hecho?"*, *"ya has vuelto a liarla"*, *"¡qué cara traes hoy!"*, *"te estás poniendo gordísimo, vaya lorzas"*, *"te ves ridículo con esa ropa"*, *"así nadie te va a querer"*... Podría seguir con el repertorio pero creo que ha quedado bien reflejado a lo que me refiero.

Sabes perfectamente que si le sueltas todas esas frases a alguien que quieres, esa persona te terminará odiando o con suerte simplemente, te dejará de dirigir la palabra y se alejará de ti. ¿Quién quiere amigos así? NADIE. <u>Todos queremos tener al lado a personas cariñosas que nos animen a crecer y superarnos.</u>

• •

La pregunta es ¿y por qué tú si te hablas así? Si lo más valioso que tienes en la vida es tu propia vida. Es lo único que mientras vivas no te podrá ser arrebatado. Deberías cuidarla. ¿No crees?

• •

A partir de hoy que has tomado conciencia, pasarás a ser tu máximo potenciador, serás tu propio entrenador personal, crearás una voz interior positiva estimulante, creativa, que te hará vibrar.

Tus palabras de aliento deberán ser: *"hoy puedo superarme"*, *"un pequeño esfuerzo ahora, para una gran recompensa mañana"*, *"si no le gusto así, él se lo pierde"*, *"quizá haya subido de peso, pero si quiero puedo bajarlo"*, *"después de la dura jornada de trabajo se me ve cansada, pero con un poco de maquillaje y música power pareceré estar recién levantada"*...

Teniéndote a ti a tu favor, puedes tomar el mundo por montera, no habrá nada que te frene, eres tu mejor amigo, la persona que más te quiere en el mundo, y que sabes que si lo intentas y fallas no habrá peligro. Pues palabras de ánimo llegarán a ti.

Así cualquiera vuelve a la carga ¿verdad?

Para alcanzar cualquier meta, dice mi mentor Laín, que **la mentalidad supone un 90% y el 10% restante lo componen las habilidades.** ¡Guau! Esto nos lo dice una persona que se formó así misma, nadador profesional que quedó entre los primeros de Europa, que logró convertirse en unos años en un referente y autor best seller.

Tomemos enserio las palabras de aquellos que ya realizaron sus sueños. No digamos: *¡bah…siempre hablan de positivismo!* Sí y sí, hablan de eso porque es lo que les funciona, lo que les ha hecho grandes.

No se trata de un movimiento *flower power*, en el que todo sean sonrisas, y no haya sacrificios. Nada más lejos de lo que te quiero transmitir, **las cosas que más merecen la pena serán el premio para los que se esfuercen y luchen por ellas.** Pero no me dirás que el camino no es más llevadero si la voz que hay dentro de ti te susurra: **¡ERES IMPARABLE! Eres un guerrero amazona, tú puedes lograr todo lo que deseas.**

Muchas personas infravaloran la imaginación. Pero ¿has pensado cuántas películas con rasgos futuristas nos hicieron soñar con cosas que no existían? Cosas que años después se inventaron...¿una videollamada? Hace veinte años era impensable...

> Puedes lograr más de lo que piensas, no cortes tus alas. Haz las paces contigo mismo. Eres maravilla en potencia, de ti depende el desarrollar tus sueños.

Existen personas que han hecho sus sueños realidad y gracias a ello han hecho realidad los de otros. Hay un YouTuber que me encanta, es *Alanxelmundo*. Alan, es un chico al que le apasiona viajar y descubrir el mundo. Convirtió su pasión en su trabajo, y ahora vive la vida de sus sueños. Fíjate que su trabajo es viajar, hacer aquello que disfruta. Tiene momentos de saturación, por supuesto, no deja de ser un trabajo, pero descansa, recarga las pilas y vuelve a la carga con decenas de videos de los rincones más insólitos y maravillosos del mundo.

Pues bien, él ha logrado cumplir sus sueños, pero también los de otras personas que tienen menos recursos económicos en este momento o que están limitadas por alguna enfermedad. Gracias a sus videos han podido conocer increíbles lugares del mundo.

A mí me encanta viajar, pero he de admitir que hay lugares a los que no viajaría. Aún así, esos lugares levantan mi curiosidad, gracias a Alan los he podido conocer, su experiencia personal, me ha brindado poder acercarme a ellos.

> ¿No es maravilloso que una persona logre sus sueños y a la vez pueda hacer felices a otras personas? Me parece fascinante.

¿Qué hubiese pasado si Alan no hubiese tomado la decisión de hacer de su pasión su trabajo; si su mente le hubiese dicho: *anda deja de fantasear*? Alguien me podría decir, que habría videos de otros, o se podrían leer artículos de viajes... Sí, pero no. Para mí, la personalidad de este chico me aporta mucho más, hace que me ría, tiene anécdotas, aporta consejos desde su experiencia personal...

Una misma cosa puede ser transmitida de forma totalmente distinta por dos personas.

A mí, lo que me inspiró a escribir este libro fue que quería que tú tuvieses en las manos un libro que te hiciese crecer, que te aportase calidad en tu vida, que te recordase quién eres, lo que vales y que no debes dejarte vencer por las vocecillas negativas. Tú las puedes y las debes controlar. **Debes hacerte tan grande como busques ser.**

Yo podría haber pensado que hay miles libros motivadores, y no haberme tomado el tiempo de escribir las páginas que sostienes. **Pero siempre hay una manera especial de decir las cosas, que sólo una persona en especial puede hacer.**

Como te dije páginas atrás, cada uno de nosotros es único.

¿Te has fijado que hay personas con las que por alguna razón conectas más que con otras? ¿por qué? No lo sabemos... llamémosle *feeling*, si quieres. Y no es que el resto no sean personas válidas, pues esas personas a su vez son el punto de apoyo de otras y realmente tienen ese *feeling* entre ellas.

Sucede lo mismo con nuestra pareja, puedes empezar una relación con alguien que es maravilloso, auténtico y divertido. Y puede que te preguntes ¿cómo su pareja anterior se cansó de esa relación tan pronto? Simple, no había *feeling* o éste se perdió... **Pero no porque para una persona no aporte valor o deje de tenerlo, deja de tener valor para otras.** ¿Estás conmigo?

Si a alguien no le gusta tu idea no significa que ésta no valga, significa que para esa persona tu idea no es válida... Pero somos taaaantos en este mundo, millones y millones de personas, a los que nos puede aportar mucho.

La mentalidad positiva, es el agua fresca y limpia que llevas en tu mochila de viaje. Si te encuentras conmigo por el camino espero que compartas tu agua si me ves sedienta. No guardes en un rincón mental todas tus ideas.

> *Aquello que no compartes, el día que mueras, morirá contigo.*

Recuerda que tú eliges quién habita tu morada: si una vocecilla maravillosa, amistosa y alegre o una cascarrabias. Yo tengo claro quién habita la mía, ¿y tú?

Te garantizo que tras un tiempo tomando conciencia de tu voz interior, educándola y llevándola hacia el lado positivo, verás un cambio asombroso, te encontrarás con más energías y con más ganas de hacer cosas. **Tu voz es tu pequeña cheerleader.**

Invierte primero tiempo en ti para luego dedicarte a otras cosas, ya que tu mentalidad positiva te ayudará a multiplicar aquello que pretendas lograr.

Tu gran cambio empieza hoy, no te quedes en leer. Ponlo en práctica, escoge a la mentalidad ganadora y conviértete en la persona que siempre has buscado ser.

El egocentrismo

Muchas veces confundimos el amor propio con el egocentrismo, y esto tiene una razón de ser. <u>Esa razón se encuentra en nuestra infancia.</u>

> Desde pequeño se te enseñó a mirar el bien de los demás por encima del tuyo propio. Si pensabas en ti, se te llamaba egoísta. Y creciste con esa creencia.

Empezaste a crecer, haciendo felices a los demás y poco a poco te fuiste olvidando de escuchar tus propias necesidades, pues de hacerlo te sentías como una persona egoísta.

Cultivar el amor propio es fundamental para mantener una elevada autoestima, y ésta es sinónimo de una buena salud tanto física como mental. **Tener amor propio no trata de autoengrandecerse, ni de sentirte superior, ni de creer que tienes virtudes que no posees.**

Se trata de verte en el espejo con tus defectos y aún así reconocerlos y seguir amándote.

Si fueses una persona egocéntrica no asumirías las críticas, las llevarías muy mal, pues sentirías que estás perdiendo tu poder de ser el centro de atención. En cambio, cuando tienes amor propio si que sabes llevarlas bien, pues asumes que éstas hablan más del que las hace que de ti mismo.

Incluso, en el caso de las críticas constructivas, te dejarías aconsejar y podrías cambiar ciertos aspectos para mejorar.

Una persona egocéntrica es esa que sólo quiere hablar de sí misma y de sus necesidades. En cambio, otra con amor propio, <u>como se ama así misma puede amar con mayor facilidad a los demás</u>, le gusta escuchar y empatiza con bastante facilidad.

Trata de cubrir primero tus necesidades y de cultivar tu amor propio. **No olvides que no puedes dar algo que no tienes o no sabes lo que es.**

Ámate incluyendo tus imperfecciones, **tú eres el pilar de tu vida, asique mejor que sea sólido y fuerte para que todo lo que se construya esté sobre una buena base.**

"Lo que se esconde detrás de ti y lo que está por delante, palidece en comparación con lo que se encuentra dentro de ti"

Ralph Waldo Emerson

Apego y desapego

Apego

Cuando somos niños necesitamos enormemente sentir apego con nuestros cuidadores, pues ello nos da seguridad y nos permite desarrollarnos con libertad. Es una necesidad biológica.

Pero cuando creces y te conviertes en una persona independiente, dejas de necesitar ese apego que antes te daba tranquilidad. **Pues una vez eres adulto no necesitas de nada, ni de nadie para ser feliz.**

Cuando de adulto te apegas a posesiones materiales (casa, coche, móvil) o relaciones (mascota, pareja, amigos) te estás limitando, te haces daño sin darte cuenta y te expones al sufrimiento. Te crees que para disfrutar de tu vida necesitas todas esas cosas. De hecho, tan sólo el pensar en perderlas te pone triste, impotente y te hace sentir vulnerable.

> "Cuando me fui de casa, niño aún, mi madre me acompañó a la estación, y cuando subí al tren me dijo: "Éste es el segundo y último regalo que puedo hacerte: el primero fue darte la vida, y el segundo es darte la libertad para vivirla"
>
> Facundo Cabral

Cuando te des cuenta de las cosas hacia las que sientes gran apego y quieras librarte de esa relación tóxica que tienes hacia ellas, te darás cuenta que es un trabajo complicado. Estamos confundidos, vivimos muchos años creyéndonos propietarios del mundo y sólo cuando vienen las grandes desgracias como los tsunamis, terremotos, incendios... **nos damos cuenta que en la vida no tenemos nada asegurado.**

Con las relaciones nos ocurre lo mismo. Queremos que la otra persona nos demuestre que está ahí por nosotros. **Buscamos satisfacer nuestros deseos de seguridad y le imponemos el amor incondicional.** Cuando éste realmente no tiene condiciones.

Muchas personas tratan de justificar el apego diciendo que es una consecuencia inevitable del amor. Pero eso no es verdad. Si bien, el **amor viene de la libertad del otro**, de pasarlo bien, de desearle lo mejor; el **apego nace de la dependencia hacia el otro**, de la necesidad de afecto.

Como ves son bastante opuestos, por tanto <u>el amor no genera apego, el apego nace del miedo.</u> Nace del miedo a perder aquello que nos hace sentir bien.

Cuando <u>dejas de hacer</u> determinadas cosas por querer mantener contento a otro, estás creyendo que lo haces por amor. Pero en verdad el amor suma y el miedo resta. La próxima vez que dejes de hacer algo, pregúntate si estás en amor o en miedo.

Existen personas tan apegadas a otras, que son capaces de mantener relaciones con su pareja a pesar de ya no sentirse atraídas por la otra persona, con tal de no acabar esa relación. Son incapaces de desapegarse de la otra persona.

Esa situación debe acabarse cuanto antes, pues es una falta de amor propio tremenda. Si alguien no siente atracción por la otra persona es que algo está fallando. Hay que cortar de raíz esta situación cuanto antes.

Esta dependencia no ocupa sólo a relaciones de pareja, también a las familiares o a las amistades. Si ya no guardas cosas en común con aquel amigo de la infancia, pues ambos tomasteis caminos distintos en la vida, **es absurdo seguir con una relación sólo porque le conoces desde la infancia.**

Las relaciones deben ser nutritivas, en la que cada una de las partes sume a la otra. No pierdas tu tiempo simplemente pasando el rato o incluso quitándoselo al tiempo que podrías dedicarle a otra persona que es más importante en tu vida.

Usa tu libertad para estar con quien quieras, es lo más valioso que tienes. Ya te habrás dado cuenta que cuando alguien comete algún delito, lo primero que se le quita es su libertad, su valor más preciado.

Desapego

Hay personas que piensan erróneamente que sentir desapego es sentir indiferencia o frialdad. Por tanto, cuando alguien les dice que se ha desapegado de su pareja, piensa que le ha dejado de querer.

> Desapegarte de una relación, por ejemplo, significa que aunque ahora esa persona está en tu vida y te hace muy feliz, si en algún momento esa persona se alejase de tu vida, tú seguirías siendo feliz.

Significa hacerte responsable de tu vida, de tu felicidad y no depositarla en terceras personas. El desapego parece estar de moda actualmente, ya que te posibilita el poder vivir con estabilidad emocional y esto genera muchos adeptos.

Es muy, pero que muy importante que aprendas a dejar ir, de lo contrario de tanto retener, podrías estreñirte emocionalmente. Pues en tu vida se van a presentar innumerables situaciones en las que te vas a ver obligado a dejar ir (una relación, un fallecimiento de un ser querido, un despido laboral...). **Dejar ir, no significa que debas volverte frívolo o debas dejar de sentir;** nada más lejos de la realidad. Tienes que sentir, dejar fluir tus sentimientos, aceptarlos y observarlos desde fuera con otra óptica más realista.

Atrévete a amar desde el amor incondicional, da libertad, no tengas necesidad o dependencia emocional.

El divertido juego llamado amor

"Él se enamoró de sus flores, no de sus raíces, y en otoño no supo que hacer"

Antoine de Saint-Exupéry

Empezar una relación de pareja da miedo, asusta y es que ¿cómo no iba a hacerlo? **El compromiso de una relación se suele confundir con esclavitud,** pues a la mujer y al hombre se les llama esposa/o, el dedo donde va el anillo de compromiso es el anular... En serio, el compromiso asusta, lo vemos cada día en **relaciones que acaban cuando las mariposas se marchan.**

Muchos piensan que cuando las cosquillas en la tripa se acaban es que la relación ha llegado a su fin. Deciden dejar la relación y **buscar una chispa de fuego que arda más en otra persona, ya que con esa apenas quedan unas cenizas ardiendo.**

Pero están mal informados.

El enamoramiento ya se ha comprobado por la ciencia que dura entre tres y dieciocho meses. Tras este tiempo las hormonas que se encontraban disparadas, empiezan a volver a sus niveles normales. Ya que de lo contrario viviríamos de por vida en plena excitación. Y algunos terminaríamos infartados...

Existen personas que buscan emociones fuertes de manera permanente, y si éstas se acaban piensan: *lo que yo sentía no era realmente amor*. Sin embargo, ocurre todo lo contrario, **cuando el enamoramiento desmedido se acaba, es el momento idóneo para empezar a construir un futuro juntos** en ese nuevo terreno fértil que ha quedado al descubierto.

No es suficiente con sentir atracción hacia la persona, es más importante coincidir, tener cosas en común que compartir.

El amor es eso que pasa tras los créditos de la película romántica. Definitivamente, no creo en almas gemelas, creo en personas que tienen proyectos comunes. Porque lo duradera que vaya a ser una relación no va a depender de cuán simpática, bonita o alegre sea tu pareja, pues si no hay un **proyecto común al que dirigirse** esa relación tardará más o menos, pero acabará.

Las parejas que han logrado afianzar una relación excelente por decenas de años, te dirán que **el amor es un pack completo de virtudes y defectos, aquí no vas al supermercado y te llevas los yogures de fresa sólo.**

Aquí tienes el pack completo indivisible de yogures de fresa, limón y macedonia, no se venden por separado. O te lo llevas o lo dejas. No se puede querer a medias. Estar hay que estar, en las duras y en las maduras.

> Si uno triunfa los dos lo celebran, pero si uno fracasa el otro debe estar en guardia para ayudar al otro a sobreponerse de la situación. El amor es un equipo, que se juega a una.

Hay que saber vivir la relación con libertad. Porque si ya tan sólo el hecho de adueñarse y apegarse a las cosas materiales nos trae graves consecuencias, imagínate lo que sería hacerlo de las personas.

Principalmente porque eso es imposible.

> Si vas deshojando tu margarita pensando sólo en si te quiere o no te quiere, acabarás cargándote la margarita sin darte cuenta.

Es lo que pasa con la relación, mientras te centras en la incertidumbre, en los celos, en la desconfianza, sin darte cuenta te empiezas a olvidar de que **para que la otra persona permanezca a tu lado, debes seguir aportándole cosas positivas día a día.**

Autoestima

La autoestima la componen las creencias, pensamientos y evaluaciones que tienes de ti mismo. Es la percepción que tienes de ti mismo cada día que te levantas, **la etiqueta que te pones**.

La autoestima, según la Real Academia Española es la valoración de uno mismo.

Cuando tienes una autoestima adecuada, eres más capaz de alcanzar aquello que te propones, pues no estás lleno de miedos que te paralizan. Es fundamental que la trabajes en el caso de tenerla baja. En este capítulo vas a conocerla bien y vas a detectar si la tuya está baja, en ese caso conseguirás subirla rápidamente con los recursos que te voy a proporcionar.

Recuerda, que el cambio lo debes de hacer tú, por mucho que yo te quiera ayudar, tú debes estar preparado y dispuesto a dar el salto a la piscina. Y te animo a que lo hagas, **ya que hoy la piscina está llena de agua.**

¿Te atreves a saltar?

Pues da un paso al frente y déjate llevar…

Crea tu mejor persona, tu mejor versión. Una vez le preguntaron a Leonardo da Vinci cuál era su mejor obra, y su respuesta fue: "Leonardo da Vinci". Y yo te pregunto: ¿cuál es tu mejor obra?

He creado el amorciómetro. El amorciómetro consiste en una serie de preguntas que deberás contestar, para luego puntuarte.

¿Te atreves a jugar? ¡¡Vamos allá!!

- ♥ ¿Cuántos objetos que no te gustan mantienes aún en casa?
- ♥ ¿Cuántas cosas haces por compromiso aunque no te apetezcan en absoluto?
- ♥ ¿Cuándo fue la última vez que te diste un capricho?
- ♥ ¿Cuándo fue la última vez que te hablaste con cariño?
- ♥ ¿Cuántas relaciones con personas que no te aportan nada sigues manteniendo?

- ¿Cuándo fue la última vez que mimaste a tu cuerpo con un masaje, una sesión de spa, una rica crema hidratante...?

- ¿Cuándo fue la última vez que leíste un libro inspirador? ¡Hoy! ☺ Fantástico.

Y bien, ¿cuál ha sido tu resultado? Espero que positivo. Si ha salido negativo tranquilo, no todo está perdido, esto acaba de empezar y tras esta lectura vas a salir con una puntuación de 30 sobre 10.

Baja autoestima

Una gran mayoría de personas tiene una baja autoestima. Las personas que tienen una baja autoestima suelen tener muy en cuenta las opiniones ajenas y su aprobación; si no la obtienen, su autoestima disminuye y se hunden. **Son personas que dejan que todos los dardos envenenados caigan sobre ellas.**

Si una persona le hace una crítica destructiva, puede incluso hacerle dudar de su valía. **Hay quienes han pisado tanto su autoestima que la tienen destrozada en la unidad de cuidados intensivos esperando recuperarse.**

*"Si no sabes cómo valorarte,
alguien sabrá cómo poder utilizarte"*

No te vendas barato al mundo. Pero <u>para poder venderte bien, antes deberás descubrir cuánto vales.</u>

Si tu autoestima es baja, no te preocupes por fortuna ésta no es estática y trabajándola se puede mejorar. No es algo con lo que se nace. **No había nadie implementándonos un chip al nacer de alta o baja autoestima.** Imagina al hombre que pone los chips diciendo:
- Tú… tendrás baja autoestima.
- A ti, alta.
- A ti, baja autoestima.
- A ti, alta.
- Tú…¡anda! Este chip está estropeado, bueno…pues que sea lo que tenga que ser, ya lo averiguarás.

Claro que no, la autoestima es algo que tú has ido adquiriendo.

Signos que hacen sospechar una **baja autoestima**:

- ♥ No te sientes a gusto en ningún lugar.
- ♥ Culpas a tu entorno de todo lo que no te va bien.
- ♥ Te da miedo exponer tus sentimientos.
- ♥ Te sientes inferior y prefieres quedar callado a hablar.
- ♥ Tienes miedo a hablar en público por miedo a quedar ridiculizado.
- ♥ Te desmotivas muy rápido cuando empiezas algo.
- ♥ Eres envidioso.
- ♥ Te sientes feo, gordo, tonto, torpe...

> - ♥ Necesitas la aprobación de los demás.
> - ♥ Nunca terminas de estar satisfecho con aquello que haces.
> - ♥ Te cuesta mantener la mirada cuando te están hablando.

Una persona que vive en un estado emocional triste, es decir vive en la tristeza, o una persona que vive con resentimiento, se dice que vive estados emocionales tóxicos. **Los estados emocionales tóxicos dañan el organismo, pueden incrementar el riesgo de aumentar la tensión arterial, las arritmias, incrementan los niveles de glucemia, dañan neuronas, disminuye el sistema autoinmune, con lo que estas personas pueden enfermar más a menudo...** La repercusión es enorme.

Deja de asestarle puñaladas a tu autoestima.

Si te estimas poco porque te encuentras defectos por todos lados y odias tu cuerpo, deja de hacerlo pero ¡ya! Tu cuerpo es maravilloso te lleva a lugares increíbles, te permite abrazar a las personas que amas, besar a tu pareja, ver paisajes maravillosos, saborear un buen plato, oler la fragancia de las flores en primavera. Mima tu cuerpo, ámalo y protégelo, porque quiere darte aquello que quieres cuando quieres, siempre se muestra a tu servicio.

¿Dime si no hay cosa más bonita que esa?

Ámate.

Ámate hasta el infinito y más allá.

Date amor del bueno, de ese que te pellizca los mofletes y te dice que bonita eres, de ese que te da besitos en la frente y del que te acurruca antes de dormir.

"Si quieres una mano que te ayude, la encontrarás al final de tu brazo"

Napoleón Bonaparte

Deja de confundir el cómo eres,
con el cómo te comportas.

Me explico...

Piensa qué te dices cuando te tropiezas por la calle. ¿Te dices... *"qué torpe soy"* o *"me he comportado de manera torpe por estar pensando en mis cosas y no ver por dónde camino"*?

Entiende que es muy importante lo que te dices.

Antes de contarte cualquier truco, lo primero que debes hacer si te sientes identificado con la lista anterior, es **tener un acto de generosidad contigo mismo y empezar a amarte.**

Tenemos bien visto el decir: *"lo más importante de mi vida son mis hijos, o mi familia o mis amigos"* **nos olvidamos de nosotros mismos para pasar a amar a otros.**

Debes amarte a ti primero, para poder amar al mundo después

Debes salir cuanto antes de esa forma de vivir, de vivir en estados negativos. Ya que las células de tu cuerpo en cierta manera se acostumbran a vivir en situaciones negativas y cuando no se las das, ellas las crean, pues se han acostumbrado a vivir de esa manera. **Tus células se han vuelto adictas a las sustancias segregadas en los momentos de negatividad.**

Claves para superar la baja autoestima:

♥ No necesitas la opinión ajena

Cualquier opinión ajena está basada en las creencias y percepciones de una persona, es una opinión sesgada. Así que ¿qué más da lo que opinen? ¿qué te hace pensar que la opinión ajena es más valida que la tuya?

♥ No temas a los miedos

Si tienes miedos, no temas, todos los tememos, son naturales cuando te enfrentas a situaciones que son nuevas. Lo novedoso trae incertidumbre y el desconocimiento te hace sentir miedo.

Que tengas miedos no significa que valgas menos que otros, pues los otros también tienen miedos aunque no te los manifiesten y los oculten. Así que tranquilo, todo está bien en ti.

♥ No te compares con otros

Deja de buscar ser como otra persona, céntrate en mejorar tu versión actual. Tú tienes todo el potencial que necesitas para alcanzar cualquier cosa que te propongas.

● Vive tu vida queriéndote

Ámate tal cual eres, si hay algo que puedas mejorar en ti, hazlo. Pero no lo hagas desde la comparación con otros, cada uno tiene sus circunstancias personales y sigue su propio ritmo.

Sólo tienes una vida para amarte, aprovéchala.

Reinventarse

¿Le quieres pedir más a la vida? ¿Sabes por dónde empezar? Si te faltan las claves para exprimir el jugo de la vida, sigue leyendo...

Reinventarte no significa que vayas a ser otra persona que nada tenga que ver con la que eres hoy. Pues si hiciésemos eso parecería que lo que pretendemos es eliminar una parte de nosotros que no queremos. Nada más lejos de la realidad.

Buscamos transformar nuestra forma de ser. Tú ya eres un ser completo, por lo que no es que te falte algo, todo ya está en ti. Pero podemos añadir más y mejor.

Vas a encontrar una forma de ser y estar en la vida con la que te sientas más cómodo. Para eso, deberás romper con la mediocridad, que es esa inercia que te lleva a seguir haciendo lo que has hecho hasta ahora por miedo a la pérdida de cosas.

Tú eres como esa pequeña bellota que tiene el potencial de convertirse en encina. Para convertirse en su máximo potencial la semilla debe ser plantada y regada continuamente. Y tú harás lo mismo, lo irás haciendo con cada aprendizaje que te voy a ir revelando.

- Elimina tu conversación interior negativa: tus creencias, son ideas que asumes como ciertas, que pueden alterar la realidad que percibes. Esto altera tus emociones y te desequilibra.

- Nadie tiene acceso a toda la verdad: por tanto, algunas de las cosas que te digan no serán ciertas al 100%. Dicen que el pez no sabe que vive dentro del agua hasta que lo sacan del mar y se da cuenta de ello. Tanto si te dicen que eres muy hábil como si te dicen que eres torpe, tanto lo bueno como lo malo no lo vas a ser en todas las áreas de tu vida. El problema es cuando te crees estas cosas, y desde el inconsciente empiezas a buscar indicios a través, del Sistema Reticular Activado (S.A.R.) que hagan reales esas creencias.

- Tú eres distinto a mí, cuando comprendas eso no te sentirás distante. Cada uno es una edición limitada.

- ♥ <u>Ver lo extraordinario en lo ordinario</u>, hará de tu vida algo más grande. Pero requiere de ti una atención plena.

- ♥ <u>Cuando veas algo en una persona que no te guste, lo primero que deberás hacer será examinarte a ti mismo primero</u>. Pues solemos proyectar en los demás algo que llevamos dentro y no nos gusta de nosotros mismos.

Gratitud

"Comencé dando gracias por pequeñas cosas y, mientras más agradecida me sentía, más crecían mis riquezas. Eso es porque aquello en lo que te enfocas se expande, y cuando te concentras en la bondad, creas más bondad. Las oportunidades, las relaciones, incluso el dinero, fluyeron hacia mí cuando aprendí a ser agradecida independientemente de lo que me sucediera."

Oprah Winfrey

La mayoría de las veces damos las gracias de una forma inconsciente, por educación, lo cual no transmite nada al Universo. Debes sentir verdadera gratitud cuando digas un "gracias".

Siéntete agradecido cuando tengas que pagar una compra o una factura, no pienses en el dinero que se te va, piensa en que eres afortunado por tener ese dinero y poder obtener a cambio esas cosas.

¿Te molesta el tráfico y pasar horas en el coche? Imagina lo que sería no tener un vehículo que te permitiese los días de lluvia desplazarte cómodamente al trabajo. ¿Te molesta que tu pareja te pida que te ocupes de la ropa que hay pendiente de lavar? Imagina lo que sería levantarte un día y que esa persona ya no esté. **Hay muchas tragedias que ocurren de repente y en ese instante empezamos a valorar aquello que tuvimos y hoy ya no está.**

No dejes que tus sueños y aspiraciones te hagan olvidarte de las maravillas que hoy ya tienes.

Envidia

Debes mantener a raya la ENVIDIA. Ese sentimiento que tienes cuando te comparas con otro que ya ha conseguido o ha llegado donde tú quieres estar.

La envidia envenena, porque es una auto-crítica en la que te dices donde podrías estar y no estás. No sientas envidia, no te pongas barreras.

Mejor siente admiración, que te abre puertas e incluso te puede acercar a la otra persona para aprender de ella y llegar antes a tu destino.

El motivo de tu sufrimiento no es externo, lo estás provocando tú mismo. Cuando culpas al otro, no solucionas tu problema. No olvides que **al señalar al otro con el dedo tienes otros tres dedos apuntándote a ti.** Sigue las reglas fundamentales para superar la envidia:

1. <u>Confía en tus capacidades.</u> Quizá no llegó tu momento aún, pero si sigues en el camino llegarás a estar donde mereces.
2. <u>Paciencia:</u> debes saber que si no hiciste lo que tenías que hacer para lograrlo pero crees en ti, vas a lograr desarrollar esas habilidades que necesitas para llegar donde pretendas.
3. <u>Mente positiva:</u> si verdaderamente crees en ti y persistes el tiempo adecuado todo lo puedes alcanzar.

Cuando quieres alcanzar algo y estás en el camino adecuado recuerda dejar que las cosas fluyan.

Imagina que quieres ir de Madrid a Nueva York, haces lo correcto: buscas fechas, pagas el billete y montas en el avión. Ya está. No te quedas pensando en los detalles de cómo el avión se mantiene en el aire, de si el piloto está pendiente del vuelo, ni de si vas en la dirección correcta... Esos detalles no te corresponden a ti.

Sabes que tienes que dejar fluir, que estás donde debes estar y listo. Lo mismo ocurre cuando tienes metas y haces lo que tienes que hacer.

Decir basta

Debemos saber cuando decir basta a una situación. Hay situaciones que simplemente no te gustan, pero las soportas sin que te lleguen a molestar. **Pero si la situación se repite muchas veces, ésta se te puede llegar a atragantar.**

Piensa que por más que te guste el chocolate si tomas cucharada tras cucharada, a la cucharada número cuarenta, es probable que estés harto de comer chocolate.

Existen momentos en los que debes de decir basta en voz alta sin sentirte culpable.

Tu vocecita interna

Ya te habrás dado cuenta de que a lo largo de tu día mantienes diálogos internos contigo mismo.

Los diálogos pueden ser:

- Neutros: No tienen carga emocional, exponen hechos, ideas. Algunos de ellos serían: ¿hago la comida ya?, ¿debería llamar a mi hermana ahora?, hoy me voy a poner ropa fresquita que hace bastante calor...

- Positivos: Son los que te generan confianza. Algunos ejemplos: ¡qué bien me ha salido la presentación!, este asado me ha quedado delicioso, seguro que me va genial en la entrevista...

- Negativos: Son los que te paralizan o te hacen sentir mal. Algunos ejemplos serían: esa ropa me queda fatal, vaya pelos tengo esta mañana, ya he vuelto a tirar el móvil, qué torpe estoy...

Con los dos primeros diálogos no vas a tener problemas, es más, son los que deberían estar presentes en tu mente. El problema llega con los diálogos negativos.

Unos pensamientos negativos repetidos día tras día pueden convertirse en creencias limitantes. No te creas todo lo que te estés diciendo, esas afirmaciones negativas que te dices son fruto del momento que estás viviendo, no son la realidad.

¿Cómo cambiar mi diálogo interno?

Cuando te des cuenta de que tu discurso interno, es negativo la mayor parte del tiempo y desees cambiarlo, deberás seguir los siguientes pasos:

1. Cuando la vocecita te hable de forma negativa, detén de golpe el pensamiento y cuestiónalo.
2. Esta vocecita no desaparece nunca, siempre estará ahí y se dará cuenta que mantener ese diálogo ya no la hace protagonista.
3. La vocecita cambiará poco a poco su diálogo acercándose más a ese estado positivo en el que te encuentras. Dejará de echar más leña al fuego cuando surjan los problemas y buscará más soluciones.
4. Se volverá una vocecita potenciadora de estados de ánimo positivos pues tratará de ser de nuevo la protagonista.
5. Sé constante.

Miedos

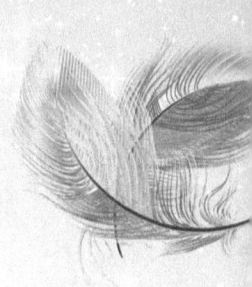

Desde este momento vas a dejar de ver el miedo como hasta ahora lo has hecho, y es que te voy a contar algo que no se te va a olvidar. **Vamos a hacer un cambio de letras y vamos a convertir la palabra miedo en medio.** A partir de ahora, cuando sientas miedo, pensarás automáticamente que estás más cerca del objetivo. Cuanto más cerca, más miedo. **El miedo es el medio.**

Miedo → Medio

Todo lo que siempre has querido está al otro lado del **miedo**

Cuenta la fábula árabe que un caminante se encontró con la Peste y le preguntó hacia dónde iba:

- A Damasco a matar a cinco mil personas. – Dijo la Peste.

Una semana después, se volvieron a encontrar y el caminante le espetó:

- Me dijiste que ibas a matar a cinco mil personas ¡y mataste a cincuenta mil!

- No, yo sólo maté a esas cinco mil, el resto murieron de miedo. – Respondió la Peste.

Si analizases los miedos que te paralizan, te darías cuenta de que **aquello que más temes hacer, a su vez, es lo que más necesitas hacer.**

Cuando te estés enfrentando al miedo de empezar algo nuevo, piensa y reflexiona las siguientes preguntas:

- ♥ ¿Por qué estás retrasando el tomar acción?
- ♥ ¿Qué es lo peor que podría ocurrirte si lo hicieras?
- ♥ ¿Qué podrías hacer para solucionar la situación?

Una vez hayas creado tu peor escenario, cámbialo y trasládate al mejor escenario posible.

- ♥ ¿Qué cosas buenas te ocurrirían si lo hicieses?

- ♥ ¿Cuánto te está costando emocionalmente el no lanzarte a la piscina?

- ♥ ¿Cómo te sentirías dentro de 10 años si nunca te hubieses decidido a hacerlo?

Siendo consciente de cada una de las respuestas a estas preguntas, te habrás dado cuenta de cuánto necesitas hacer eso que tanto temes. Quizá empieces poco a poco, no importa, lo único que importa es empezar, lo demás te irá llegando.

Miedo a ser abandonado

Uno de los miedos que más sufrimos es el miedo al abandono, éste suele tener origen en nuestra infancia. Si en algún momento te llegaste a sentir abandonado, lo más habitual es que **al no saber gestionar ese miedo, lo bloquees y lo dejases sin resolver.**

Con ese bloqueo conseguiste eliminar momentáneamente el dolor y seguir con tu vida de niño. Si ese miedo vuelve a salir en tu vida a modo de miedo al abandono por parte de tu pareja, miedo al rechazo de tus amigos por emprender algo nuevo, miedo a las críticas de tu entorno... ese miedo sale por una razón, y esa razón es que ahora ya sí que tienes la capacidad de gestionarlo.

Ahora ya no eres un niño, eres un adulto y puedes con ello.

"Sólo posees aquello que no puedes perder en un naufragio"

Proverbio indio

Tener miedo a perder algo no te va a impedir que lo acabes perdiendo, pero sí te va a impedir que lo disfrutes. Puedes elegir entre disfrutar o sentir miedo, cuando escojas una opción, la otra saldrá inmediatamente por la ventana, son dos polos opuestos que no pueden convivir juntos.

Bloqueos

El doctor Bruce H. Lipton habla de cómo el miedo (a no saberlo todo, a quedarse en blanco, a confundirse...) puede arruinar por completo un examen. Los alumnos nerviosos y con manos temblorosas **llegan a marcar opciones incorrectas a causa de no poder acceder a la información guardada en su mente, a pesar de que conozcan esa respuesta.**

Es importante hacerse con un arsenal de herramientas que aumenten la confianza. La confianza es la única que te podrá ayudar con esos bloqueos. Ya sea para conocer a alguien, para una entrevista de trabajo o para la presentación pública de un proyecto.

La imaginación te puede jugar malas pasadas.

Imagina que estás paseando por la orilla del mar en un atardecer precioso, estás disfrutando de la brisa marina, el sentir la arena en tus pies... En ese momento recibes la llamada de un amigo y tras un rato hablando, tu amigo te pregunta dónde estás, le comentas donde te encuentras, lo bien que estás... y éste te comenta: *"lleva cuidado, he escuchado que hay un grupo de vándalos que rondan esa zona".*

Nada más escuchar esas palabras, tu mente empieza a estar intranquila, ya no disfrutas del atardecer, ni de la brisa, ni de nada.

¿Qué ha cambiado ahí afuera?

Nada.

¿Y en tu interior?

Todo.

Justamente eso es lo que hace el miedo. Hace que dejemos de disfrutar y empecemos a pensar en todo lo malo que nos podría suceder.

> Atravesarás el túnel cuando llegues, no antes. No temas a algo que no ha llegado y que tan siquiera sabes si llegará. Si la situación desafortunada se da, encontrarás la manera de salir de ella.

Cuando estés frente al túnel, lo veas, sepas que forma tiene, su altura, su estrechez... podrás buscar la forma de atravesarlo, pero no antes.

Superioridad

¿Te has dado cuenta de cuántas empresas tienen a altos mandos abusando de su poder? ¿Te has preguntado cómo tanta gente en una empresa es capaz de soportarlo? Existen cientos de motivos, pero el más común es el miedo a la autoridad.

Por supuesto, las personas que lo tienen, lo tienen de manera inconsciente. Desde bien pequeños se nos enseñó a respetar a los mayores, a los que estaban por encima nuestra y ahora lo seguimos haciendo con jefes, médicos, padres... No hablo de respeto, hablo de subordinación.

Trabajando en el ámbito hospitalario me he dado cuenta que hay personas que te dicen que están molestas con el médico por esto y lo otro, y que cuando venga el médico van a hablar muy seriamente con él. Luego llega el médico y esas personas tan indignadas ¿sabes lo que le dicen? N-A-D-A. Nada, encima les sonríen y les ríen las gracias. Luego cuando les preguntas porqué no le dijeron todo lo que te habían comentado, se buscan mil excusas para salirse por la tangente. Lo dicho, miedo a una figura que para ellos es de autoridad.

Otras veces, **nos vemos cargando miedos ajenos**. Un ejemplo sería una madre no quiere que su hijo tenga una moto y él por hacerla feliz no la compra, a pesar de que las motos le apasionen. Realmente, es el miedo de la madre, no del hijo. **Cuando el miedo es de otra persona, a esa persona es a la que le corresponde gestionarlo, no a ti.**

Hazte las siguientes preguntas:

- ♥ ¿Estás viviendo acorde a la vida que otros quieren para ti?

- ♥ ¿A quién quieres complacer con tus decisiones?

- ♥ ¿Decides desde el amor o el miedo?

Ser quién realmente eres

Es ilógico que esté mal visto hablar bien de uno mismo y en cambio, esté bien hablar bien de otros. Te tachan de egocéntrico.

En cambio, si hablas mal de ti mismo, te dices lo torpe que eres en voz alta, o te dices alguna barbaridad, tu entorno lo verá con buenos ojos y te compadecerá. Eso sí que está aceptado.

¡Qué absurdez!

Tenemos una pérdida de conexión con nosotros mismos, **nos cuesta ver y valorar nuestras cualidades porque estamos más pendientes de las de los demás y de hacerles sentir bien.**

Seguro que has estado en una charla entre amigos en la que uno cuenta sus penas: que le ha dejado la pareja, que su jefe le trata fatal, que no tiene suficiente dinero… y todo el grupo le arropa y le da todo su cariño.

En cambio, si llega otro diciendo todo lo contrario: que su pareja es maravillosa, que se van de viaje a las Bahamas porque le han ascendido y se ha comprado un coche nuevo con un extra que le han adelantado. ¿Qué pasaría? Aunque no se atrevan a decirlo, lo más probable es que el 80% del grupo piense que es un engreído y un narcisista.

> "No hay que temer a la vida,
> sino a no haber empezado nunca a vivir"
>
> Marco Aurelio

Te reto a que ejerzas un cambio, a que te ames más. A que valores todas tus cosas positivas y las celebres como se merecen.

No tengas miedo a ser tú mismo. **Ayuda al que tiene problemas pero también admira al que le va bien.**

*"Si un huevo se rompe por una fuerza exterior,
la vida se acaba.*

*Si un huevo se rompe por la fuerza interior,
la vida comienza.*

Grandes cosas suceden en el interior"

Siempre hacia delante, sin miedo...

La mayoría de las personas sienten que si hacen esto o aquello serán vistas y juzgadas por el mundo. Y lo que no saben es que **el mundo está más preocupado por sí mismo que por lo que ellas están haciendo.** Y tú que pensabas que se iban a estar fijando en ti... Cada uno mira a su ombligo.

Si hay alguien en la calle haciendo tonterías, los que pasen por al lado, quizás se fijen y digan: *"qué hace ese?"* Para poco después seguir con lo que estaban haciendo. Simplemente: les da igual.

Por lo que si te tienes que arriesgar para hacer algo: ni lo pienses ¡hazlo! No te detengas por el qué dirán, pronto se irán a mirar a otro que sea novedad. No somos tan interesantes como nos creemos.

No sé si alguna vez habrás escuchado que preocuparse es rezar para que pase lo que no quieres que pase. Así que no reces más.

Cuando **estás preocupado lo que haces es poner tu energía en lo que NO QUIERES**, en cambio, **cuando confías pones tu energía en lo que SÍ QUIERES**.

No dejes de hacer algo por miedo al qué dirán. Porque tras esa situación tensa, en la que te daba vergüenza hacer algo, vendrán días de arrepentimiento. Te dirás que fue una pena no hacerlo por pensar en la opinión que tendrían de ti cuatro desconocidos que pasaban por allí.

En el momento en el que te decidas a hacerlo, tendrás una descarga de adrenalina que te tirará para atrás, que te hará sentir nervioso. Pero a pesar de él, **deberás mantenerte firme y seguir adelante.** Es la única manera de acabar lo que empieces, la adrenalina siempre estará.

Ten visión a largo plazo, ¿cómo te ves en diez años? Fuérzate para descubrir qué es lo que quieres conseguir. Visualízalo, ponte metas. Tus metas serán tu combustible, con ellas podrás seguir adelante sea lo que sea que quieras lograr.

"Dentro de veinte años estarás más decepcionado por las cosas que no hiciste que por las que sí hiciste. Así que suelta amarras, navega lejos de puertos seguros, coge los vientos alisios. Explora. Sueña."

Mark Twain

Earl Schoaf, el mentor de Jim Ronn le dijo: *"siempre hay media docena de cosas que suponen el 80% de la diferencia"*.

¡Qué gran idea!

Cuando te marques nuevos objetivos, acuérdate de cuál es esa media docena de cosas que de hacerlas marcarían la diferencia.

Cada día tienes la obligación de avanzar un paso más hacia el lugar que quieres ocupar. Es más riesgoso vivir una vida insatisfactoria, que los propios riesgos que suponga cumplir un sueño.

A día de hoy existen jóvenes buscando carreras universitarias que *tengan salida* y les generen altos ingresos, en lugar de buscar estudios que les permitan realizar algo que les haga felices.

Mantente siempre avanzando hacia tus sueños. **Puede que tener un día similar al de ayer no te parezca un fracaso, incluso puede que no le veas nada de malo, pero la suma de esos *días improductivos* a lo largo del tiempo si serán un fracaso**, pues no habrás logrado nada de lo que te propusiste.

Toma las riendas y ponte en acción.

Dificultades: semillas beneficiosas

Siempre encontrarás un beneficio equivalente o mayor en cada dificultad que enfrentes. Míralo como si fuese una semilla oculta dentro de cada problema. Grandes personalidades han encontrado en los grandes golpes que les ha dado la vida, grandes oportunidades, incluso de reinvención y transformación personal total.

> Si en tu día a día, piensas igual que el resto, no obtendrás la vida que anhelas. La mayoría simplemente ve problemas, no pasa de ahí, se estanca y no avanza, el miedo a la incertidumbre les frena.

Pero si tú sí sigues adelante, verás muchas oportunidades, y no es que de repente aparezcan, es que siempre han estado ahí, sólo que hasta que no dejaste de ver sólo tus miedos, no te han sido desveladas.

Antes no las veías porque no estabas preparado para verlas, pero una vez dejas la mente abierta, se hacen obvias y las empiezas a ver por todas partes.

Jesús de Nazaret dijo: *"Pide y se te dará"*. No dijo pide, y si te lo mereces se te dará.

La clave es esa, pedir al universo, a Dios, o a aquello en lo que creas, y **ponerte en marcha hacia ello**, sólo así encontrarás las respuestas. Sentado en el sofá de casa sin hacer nada no encontrarás respuestas.

Un matemático podrá resolver problemas si se pone a hacer cálculos, no si se queda viendo una serie. Fallará cientos de veces, pero al final encontrará la solución a la ecuación.

¿Qué es peor: fallar o no intentarlo?

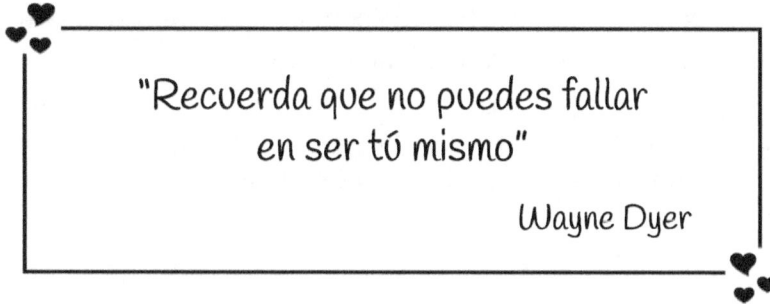

"Recuerda que no puedes fallar en ser tú mismo"

Wayne Dyer

> Cuánto menos falles mejor, pero si lo haces, tómatelo como una lección de éxito, y no vuelvas a caer en los mismos errores. No lo veas como un fracaso, míralo como una experiencia.

Deja de darte con el látigo cuando algo no te salga bien a la primera.

Tus programas mentales

Si incorporas la creencia en tu vida de: "*tengo una férrea disciplina para el ejercicio*". Finalmente, acabarás acostumbrándote a levantarte para ir al gimnasio una hora antes de lo que lo haces habitualmente para ir a trabajar. Podrás disfrutar de entrenar casi sin esfuerzo, ya que tendrás integrado un programa mental.

Puedes ver tus nuevos hábitos como algo natural si te convences, acabarás actuando bajo esa creencia.

Con tus nuevos hábitos podrás crearte un nuevo papel en la película de tu vida. Pasarás de ser el último de la fila a ser el líder.

"Nos envejece más la cobardía que el tiempo. Los años sólo arrugan la piel, pero el miedo arruga el alma"

Facundo Cabral

A menudo sucede que las personas a consecuencia de los miedos, se alejan de lo mejor que les podría pasar. **La única forma de combatir esos miedos es la de tener que actuar a pesar de ellos, y esto se consigue si tienes una rutina que seguir.** Ten la disciplina de convertir en hábitos las pequeñas acciones que aún no tienes incorporadas y que te harán llevar tu vida a su máximo potencial.

"La cueva donde temes entrar, contiene el tesoro que estás buscando"

Joseph Campbell

Se dice que en el nido en el que habita el miedo habitan también *"el qué va a pasar"* y *"el pasado que recuerdas"*. Tus experiencias angustiosas son capaces de remover hasta las rocas más asentadas. No te dejes paralizar por sucesos pasados, hoy cuentas con herramientas que antes no tenías para enfrentar esas situaciones.

Si lo piensas detenidamente, el miedo no cabe en tu presente. Me explico... Cuando estás en estado de presencia y tu mente se encuentra en el "aquí y ahora" no hay cabida para los miedos. Éstos, únicamente existirán cuando la mente se mueva del pasado acabado al incierto futuro.

> Las personas que ahora no estén dispuestas a pagar el precio de su valentía, antes o después deberán pagar el precio de su cobardía.

La vida es así de simple y a la vez complicada, si la queremos complicar. Todos tomamos la decisión de vivir la vida de nuestros sueños o la de nuestros miedos.

Y tú, ¿qué has decidido?

"El mundo entero se aparta cuando ve pasar a un hombre que sabe a dónde va"

Saint Exupery

Las excusas no sirven para hacer cambios

Parece que el cambio es algo que alguien te animará a hacer, te apoyará o te lo ofrecerá. Y no es así, es algo que tú deberás buscar. Para que un objetivo llegue a tu vida necesitas un cambio de 180°. **Si quieres cambiar de puesto de trabajo primero te has de convertir en la persona a la que le darían ese puesto.**

¿Estás conmigo?

Los cambios debes hacerlos primero en ti, el resultado de tu cambio es el premio, que es lograr tu objetivo. Pensamos que tenemos que hacer cosas fuera, cuando donde tenemos que hacer los cambios es en nuestro interior. Nos da pereza el cambiarnos a nosotros mismos, y eso es lo que hace que no logremos nuestros objetivos.

> Para cambiar, no tienes que saber quién eres, sino quién quieres ser. Conocerte ahora mismo, es quedarte en el pasado, lo importante es llevar la mirada al futuro.

No te quedes estanco en el pasado, eso tan sólo es lo que te ha traído hasta aquí.

No te identifiques con tus emociones, pues son temporales, ellas no definen tu identidad. Si estás triste hoy, no significa que seas una persona triste, sino que HOY ESTÁS TRISTE. Es algo situacional.

Todos podemos reinventarnos, si eres tímido y quieres ver cambios en tu vida para ser más extrovertido; puedes leerte el libro de *Cómo hacer amigos e influir sobre las personas*, ir a conferencias de oratoria, entrenarte con un mentor con resultados... Aunque puede que quizá, seas más extrovertido de lo que imaginas.

Todo es relativo, tú en España te puedes sentir una persona alta, pero si te vas a Noruega quizá dejes de sentirte así.

Recuerda que LA MENTE SE QUEDA SÓLO CON EL VERBO DE LA FRASE QUE LE HAS DADO. De la frase: "no toques eso". Se quedaría con: "toca eso". LA PALABRA NO SE LA SALTA PARA IR DIRECTAMENTE AL VERBO QUE ES LA ACCIÓN A EJECUTAR. Los objetivos que te propongas deberán ir en positivo para que así tu mente vaya como una flecha hacia ellos. "Aléjate de eso" sería una buena opción sustitutiva en lugar de "no toques eso".

Arquímedes decía: *"dadme un punto de apoyo y moveré el mundo"*. Y es tan cierto, como que si sabes la orientación de cómo lograr el cambio, éste te será más fácil de lograr.

Hay cosas que para alcanzarse necesitan más tiempo del que pensamos. Si pretendemos la inmediatez y si no la obtenemos decidimos no hacerlo, lo único que haremos será idiotizarnos. Debemos tomarnos el tiempo que sea necesario para lograrlo.

¿Cuánto tiempo le das a un niño para aprender a andar? El que sea necesario...

Cuando te encuentres poniéndote excusas para no hacer algo, lo que estarás haciendo será protegerte del mundo. Ya que piensas que hay personas que están esperando algo de ti, y les buscas una buena excusa para salvaguardar tu imagen. Es como cuando éramos pequeños y no hacíamos los deberes, les contábamos a nuestros padres una historia: *estoy malito, la profe ha puesto unos ejercicios muy difíciles, no lo han explicado en clase...*

En realidad lo que tenemos es un bloqueo, que no reconocemos. Los bloqueos tienen muy mala fama de cara al público, nos hacen sentir inútiles y que no somos capaces de afrontar ciertas situaciones.

Lo ideal sería encontrarse en una sociedad que normalizase los bloqueos mentales cuando alguien se encontrase en ellos. **Debemos dejar de culpar a la persona por no saber avanzar, pues lo que le pasa es que no sabe qué tiene que hacer.** Esto es muy distinto a no querer hacer aquello que sabes que tienes que hacer.

> Quizá, debas proteger más tus sueños antes de comentarlos al mundo. ¿Cómo le vas a explicar un sueño a alguien que no es soñador? Enseña las cosas cuando ya estén hechas. Los que ven <u>exclusivamente las cosas que ya están hechas</u>, no van a poder ver lo que hay en una mente. Estas personas necesitan ver para creer.

No cuentes tus sueños, porque no vas a poder defenderlos en el corto plazo. Sólo habla de ellos con aquellos que estén desarrollando un gran cambio en su vida, son los que pueden comprenderte y apoyarte.

Cuando logras algo nuevo, hay una parte de ti que se ha tenido que ir, porque has añadido algo nuevo a tu vida. En ese momento de cambio es donde entra en juego el *autoboikot*. **Nos queremos aferrar a lo antiguo y no dejamos que lo nuevo se quede con nosotros, porque pensamos que estamos perdiendo nuestra esencia.**

Es como cuando a los cantantes les llegan: los *paparazzi*, los *heaters*, *las críticas*... No quieren ver la parte negativa que lleva intrínseca eso bueno que han logrado. Simplemente hay que asumirlo y no pensar en que te has equivocado en algo. Son esos detalles que no ves hasta que no llegas a lograr tu objetivo. Hace un tiempo experimenté que las cosas no eran monocromáticas, sino a multicolor y que todo tiene varios tonos.

Una vez que acercas los sueños a tu día a día, vas a ir descubriendo el camino hasta ellos poco a poco. Un plan exacto nunca va a ser fiable porque si supieras exactamente cómo hacerlo, ya lo habrías hecho.

> Es un camino nuevo para ti, es obvio y lógico que no sepas cómo se recorre, ya que es la primera vez que te pones a transitarlo.

Hay personas que dudan de si su sueño será finalmente un capricho del momento... **Un sueño, no va a ser un capricho, no tengas miedo de equivocarte. El sueño es a largo plazo, es algo que meditamos previamente, en cambio, el capricho es algo a corto plazo, son esas cosas que las quieres ya mismo.** Un ejemplo podría ser cualquier cosa que quiere un niño instantáneamente, es algo casi irracional.

La mayoría cree que la actitud está marcada por lo que está pasando: *si tengo una mala noticia, tengo que reaccionar mal*. En cambio, si yo asumo que la actitud es algo que genero y que puedo controlar desde dentro, tomaré las riendas de cómo manejar mi actitud.

> Los hechos no definen cómo te sientes. Lo defines tú. Hay personas que ante un mismo hecho se crecen y otros que se hunden.

Tú puedes gestionar tu actitud, de no hacerlo serás una persona manipulable. Sucederá que cada vez que alguien te dé una noticia negativa, reaccionarás mal. Viktor Frankl dijo que: *"entre la acción y la reacción hay un espacio que se llama libertad"*. **Nosotros decidimos cómo nos sentimos ante lo que nos sucede.** Si esto nos lo dice una persona que se enfrentó a algo tan duro como fueron los campos de concentración nazi, será porque es una tremendísima verdad.

Perdonar

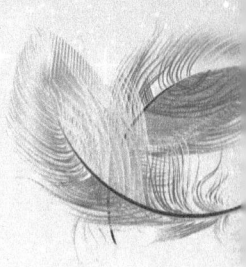

El perdón es un acto interno que sale del corazón. Desde pequeños nos enseñaron a perdonar de forma automática, perdonábamos aunque no lo sintiésemos verdaderamente.

Era una obligación.

• •

Tampoco perdonar a alguien es un acto de superioridad. "Yo te libero de esa carga porque estoy por encima tuya".

• •

Seguro que más de una vez has escuchado eso de "todos cometemos errores", entonces ¿por qué nos cuesta tanto perdonar?

Dice el dicho que **perdonar es liberar un prisionero y para después darnos cuenta que ese prisionero, éramos nosotros mismos.** Si analizas bien lo que te acabo de escribir, descubrirás una verdad muy, pero que muy potente.

> Si tú te dices que hay un hecho que alguien hizo contra ti y que no eres capaz de perdonar; realmente lo que estás haciendo es hacerte prisionero de cadena perpetua a ti mismo.

No perdonar puede suponerte tener inyectado un dardo de veneno que va penetrando en tu cuerpo poco a poco, día tras día. Es tomarte tú el veneno y esperar que el otro muera, cuando serás tú el único que sufrirá los daños del veneno.

La mayoría de las ocasiones perdonar al otro es dejar de hacerse daño a uno mismo, es dejar de albergar sentimientos de poca calidad para dar espacio a los más valiosos.

Perdonar no es cambiar el pasado, es cambiar el futuro.

El perdón, como te estarás dando cuenta no implica que la otra persona esté delante tuya y que le tengas que dedicar unas palabras o le estreches la mano, si quieres hazlo, eres libre pero no tienes porqué.

El perdón es más bien un acto de liberación contigo mismo, <u>no implica la reconciliación</u> con el otro.

La mayoría de las veces en las que no perdonamos al otro, es porque sentimos que el otro nos debe algo, una disculpa por ejemplo. **Sentimos que perdonarle sería liberarlo de esa deuda que tiene con nosotros y que se vaya saliéndose con la suya.**

No quiero que pienses que te estoy obligando a que perdones para ser feliz. Lo que sí que te quiero decir, es que cuantas menos cosas cargues a tus espaldas, más feliz podrás ser.

Aún así, puede ser que haya cosas que te resulten tan dolorosas que no quieras perdonar. Y esto también está permitido, faltaría más. **Si perdonar significa de alguna manera dar amor, aunque no sea de forma directa, y esa persona te hizo muchísimo daño, entiendo que quizá no estés dispuesto a dar ese amor.**

· ·

En la vida todo no es o blanco o negro,

la escala de grises siempre quedará ahí

para ser usada.

· ·

Si el daño fue tan fuerte como por ejemplo, que la otra persona atentase contra tu dignidad o te agrediera, **puede ser que prefieras cargar con el peso de no perdonar porque te compense más que el beneficio del perdón.**

En situaciones muy extremas, el perdonar ciertos hechos pueden incluso atentar contra nuestra propia identidad como personas, pues ese perdón va en contra de nuestros tus valores personales, por tanto, no hay porqué perdonarlo todo.

Sé que en estas líneas te estoy siendo muy sincera, pero no quiero engañarte acerca de lo que en estos momentos siento que es lo correcto.

Soy consciente que de alguna manera el no perdonar algo pueda implicar seguir cargando una mochila pesada a tus espaldas, pero si el hecho fue tan fuerte, de alguna manera **ese hecho ya quedó marcado en tu vida con gran sufrimiento.**

No te hablo de esas pequeñas ofensas, éstas es mejor perdonarlas cuanto antes mejor, hablo de palabras mayores, creo que ya sabes a qué términos me refiero.

La mayoría de las veces no somos capaces de perdonar al otro porque de alguna forma creemos que otorgándole el perdón, le estamos otorgando a su vez permiso para que se permita repetir la situación con nosotros.

En mi caso, un cambio realmente revelador surgió cuando me perdoné a mí misma ciertas cosas del pasado, perdoné a algunas personas y acontecimientos que no me dejaban avanzar.

> Cuando sueltas esa mochila, ese dolor, empiezas a ir más ligero, empiezas a fluir más, a arriesgar más y a tener menos miedos.

Intenta ir siempre lo más libre de cargas que puedas. Si hoy fuese el último día de tu vida ¿partirías libre de cargas? o ¿aún guardas rencor a alguien?

Tú mismo puedes crearte tu propio infierno en la tierra.

Un hecho que fue realmente clarificador para mí, fue cuando entendí porqué actúan las personas de la forma en la que actúan.

Lo normal es que las personas con los demás tengan buenos actos, pues lo normal es estar bien.

Cuando alguien actúa mal contigo, es porque en ese momento el amor no abunda en él. ¿Crees que alguien que tiene una vida alegre, satisfactoria y es feliz va haciendo daño por ahí a la gente? Piensa que si alguien te hace daño adrede es porque esa persona está dolida, aún tiene heridas emocionales sangrando, son personas que internamente lo han de estar pasando muy, muy pero que muy mal.

Me voy a explicar mejor…

> Imagina, pero imagínalo de verdad, y recréalo bien en tu mente, el momento más feliz de tu vida, el que sea: el nacimiento de tu hijo, tu boda, un viaje sorpresa… ¿Recuerdas lo feliz que estabas? Bien, de seguro que ese amor que habitaba en ti te hacía dar lo mejor de ti a los demás.
>
> Incluso a pesar de que algo no estuviera al 100% como a ti te gusta, seguro que le hubieses dicho al otro: "tranquilo, no pasa nada, así está bien" lo hubieses dicho con amabilidad y de corazón.

Pues cuando uno sólo contiene amor,
solo puede dar amor.
Ya que en él no habita nada más.

El perdón a uno mismo

Si bien, está claro que lo ideal es perdonarse a uno mismo, esto no quiere decir que seamos indulgentes con nosotros mismos, y que nos permitamos hacer cualquier cosa para luego perdonarnos.

Cuando te perdonas por un fallo que tuviste, de alguna manera lo que haces es dejar de castigarte por aquello que hiciste y de lo que te arrepientes de corazón.

Quizá un día dijiste a alguien algo de lo que te arrepientes muchísimo, puede que hasta te cargases una maravillosa relación porque un día no supiste gestionarte bien y <u>explotaste como una palomita.</u> Y con ese pop, ya no hubo stop.

Perdónate.

Tras haberte perdonado, deberás haber aprendido que eso que pasó realmente no quieres que vuelva a suceder. Pasa a ser una lección aprendida.

Cómo perdonar

Las claves para aprender a perdonar y soltar el lastre que nos persigue son las siguientes:

- ♥ *Entiende que cada persona tiene su propia realidad.*

Para empezar, la base es entender que cada uno de nosotros crea su mundo de creencias. El del resto no tendrá mucho que ver con el tuyo. En tu mundo de creencias habitan pensamientos, experiencias vividas, opiniones del entorno…

Debido a esto, entender al otro al 100% es realmente complicado, por no decir imposible.

A consecuencia de tener diferentes creencias, ante una misma situación dos personas pueden actuar de forma totalmente opuesta y obtener resultados completamente distintos.

❤ *No es personal*

La mayoría de las veces cuando alguien actúa de determinada manera, lo hace así porque en esas circunstancias es lo que siente que debe de hacer.

Hay personas que se comportan mal incluso con desconocidos. Hay situaciones bochornosas, en las que da igual la persona que esté delante, que el otro igualmente va a actuar de esa manera, ya que su sistema de creencias le ha dirigido a actuar así.

Cuando esto ocurra, piensa que lo más probable es que él realmente **no fue a hacerte daño adrede, hizo lo que hizo para defender sus propias creencias y sus pensamientos del momento. Es una autodefensa.** Aunque esto no justifica cualquier comportamiento.

♥ Hazlo por ti

Como ya hemos hablado más arriba, el perdonar no se trata del otro, se trata de ti. No estás validando lo que el otro hizo, ni dándole permiso para que te lo vuelva a hacer.

Es más, el perdón se puede otorgar en la intimidad de tu propia habitación sin presencia del otro. Es un acto interno.

Muchas de las ocasiones el otro ni tan siquiera siente que en su momento hizo algo mal, ya hemos hablado que para él, ese acto fue justo, pues sus creencias así se lo decían.

> Te animo a hacer el siguiente ejercicio, escribe una carta de perdón. No tienes porque entregarla porque éste es un ejercicio de liberación, en el que vamos a quitarnos el peso de una mochila realmente pesada, con lo que quizá te apetezca soltar palabras que nunca dirías a la otra persona.
>
> Toma un folio en blanco y pon arriba a la persona a la que va dirigida esa carta y a continuación escribe "Te perdono por..."
>
> A continuación, escribe todo lo que sientas; descarga rabia, tristeza, impotencia... Todo lo que albergues en ti y tengas enquistado.
>
> Cuanto más escribas más dolor soltarás y más liberado te sentirás.

Adelante, comienza tu carta.

¿Cómo te sientes?

¿Verdad que es realmente liberador?

Te felicito por haber sido tan valiente, y haber sido capaz de enfrentarte a algo tan duro. No cualquiera es capaz de hacerlo, **otros se dicen luego lo haré y nunca lo hacen.**

Así que, FELICIDADES, ahora vivirás más ligero. Has dado un gran paso en tu camino al éxito.

Dependencia emocional

No sabemos lo que en realidad es la generosidad. Pensamos que es dar a aquel que te dio a ti primero, y es todo lo opuesto. **Es dar a quien a ti no te dio nada y que incluso hasta puede que jamás te dé nada.**

Tampoco sabemos reconocer el amor incondicional. El amor incondicional, como bien dice es el que no tiene condiciones, se da incluso a quienes no lo merezcan.

Cuando decimos a alguien que le tenemos amor incondicional debemos reconocer que lo más probable es que no sean del todo cierto nuestras palabras. Ya que si esa persona comete un error y nos hace daño, le quitamos el amor y pasamos al odio o a la rabia.

Aspirar al amor incondicional es bastante complicado. Requiere de un nivel de paz interior bastante elevado, al que no todos tenemos acceso.

Un ejemplo de amor incondicional es el que siente tu perro por ti. Los que tenemos perro lo vemos día a día. Puedes tener el día que tengas, que él te recibe en casa con entusiasmo y alegría. Puede que te molestes con él porque manchó la alfombra comiendo, él lejos de molestarse por tu actitud negativa vuelve a ti con más amor que entregar. <u>Eso es amor incondicional, te quiere y te espera siempre, seas como seas, tengas el humor como lo tengas.</u>

Dependencia

Existen personas, que prefieren estar con alguien a quien ya no aman con tal de no estar solas. La soledad les abruma. Prefieren estar con alguien con quien ya no tienen química y con quien apenas comparten cosas, con tal de no sentir la soledad el resto de sus vidas.

Pensar en rehacer su vida no es una posibilidad en su mente. Son capaces de aguantar toda la vida con alguien que les hizo feliz en el pasado, aunque en su presente apenas les aporte gran cosa.

No se puede vivir de migajas eternamente.

Permítete amar con locura, con pasión, sin saber cuanto durará... Nadie lo sabe, así que si no sabes usar bolas de cristal, deja de usarlas. **Ama sin dependencia, abre tu corazón aún sabiendo que alguien pueda entrar y llevarse un trocito.**

Ten un amor que te marque, aunque sea fugaz, pero que recuerdes con cariño.

> No tengas amores que te aprisionen con grilletes. Ten amores que te pongan la piel de gallina, que mantengan tu corazón contento.

Superar la dependencia emocional

Soy consciente de que necesitarás tiempo para ver los resultados de lo siguiente que te voy a exponer, y es que aprender cosas nuevas es muy fácil.

> Lo que nos cuesta es desaprender la forma de hacer las cosas que hemos interiorizado durante tantos años.

No te castigues si no logras todo a la primera, hay cosas que te exigirán más tiempo, y es normal que esto sea así.

Lo más importante y lo fundamental, es que <u>dejes entrar en tu vida, la posibilidad de plantearte que las cosas no son</u>

<u>como siempre habías creído.</u> Una vez tienes la humildad de aceptar esto, puedes empezar a despegar como un cohete.

Y ahora, si te has visto reflejado de alguna manera en la dependencia emocional, te voy a dar unas claves para que puedas salir de ella cuanto antes, sin necesidad de sufrimiento.

Las claves son:

♥ Tú eres responsable de tu felicidad.

Cuando dejes de sentirte necesitado de relaciones o cosas materiales dejarás de experimentar sufrimiento. Pues ellas, no siempre van a ser capaces de brindarte lo que necesitas en cada momento.

Responsabilízate, cubre tus necesidades y proporcionate aquello que necesitas.

No necesitas a nada, ni a nadie para ser feliz.

La felicidad ya está en ti.

♥ Vive el aquí y el ahora.

Esta clave es imprescindible para superar la dependencia. Nos gusta estar cerca de otros para sentir esa sensación de seguridad que tanta tranquilidad nos reporta.

Pero esa seguridad es una ilusión que te creas, **no existe nada permanente, el cambio y la incertidumbre forman una parte indispensable de la propia vida.**

Disfruta lo que tienes en este momento con todas tus fuerzas, nunca sabrás lo que durará.

♥ *Aprende a dejar ir.*

Si en algún momento debes dejar ir una relación, hazlo. Permite que la vida siga su curso y te traiga nuevas experiencias que vivir.

No tengas miedo.

Las relaciones, lamentablemente, se pueden acabar, ya sea a consecuencia de decisiones que tomemos los que formamos esa relación o porque la muerte haya acontecido sin previo aviso.

Un trabajo, lo más normal es que también se acabe y más aún en la actualidad que estamos viviendo. Déjalo marchar cuanto antes para que otro nuevo pueda llegar a tu vida, no importa lo feliz que te hiciese en el pasado.

Algo nuevo está por llegar...

Cuando dejas fluir al mundo, todo te resulta más sencillo, amas y disfrutas más a las personas y las cosas; ya que sabes que que todo tiene un fin.

> Sabes que pronto empezará otro nuevo ciclo y que en un tiempo éste también acabará. Y no es malo, simplemente es una consecuencia del vivir.

Recuerda siempre amar desde el verdadero amor, no lo hagas nunca desde la dependencia.

Has aprendido a soltar aquello que se debe marchar.

Enhorabuena.

Sigamos...

Parte 2: Creando la vida de tus sueños

Escoge tu felicidad

> "La felicidad es como una mariposa. Cuanto más la persigues, más huye. Pero, si vuelves la atención hacia otras cosas, ella viene y suavemente se posa sobre tu hombro"
>
> Viktor Frankl

Puede que si te pregunto por tu felicidad, quizá lo primero que se te venga a la cabeza sean los momentos que viviste en el pasado: el día de tu boda, la semana que pasaste en ese lugar tan especial, el día que te graduaste...

Deja de vivir de los recuerdos que te dejan esas fotos amarillas. Tu felicidad está en cada día, está en tu presente.

"El éxito es conseguir lo que se quiere,

la felicidad es querer aquello que se consigue"

La felicidad se halla en el camino que recorres, no en el destino. Es decir, las metas logradas no te van a hacer feliz, te hará feliz la realización de ellas, el proceso.

Para llegar a un buen destino, debes saber muy bien hacia dónde te diriges, y la pregunta más reveladora que debes hacerte es:

♥ ¿Para qué vivo? entendiéndola como, ¿cuál es mi propósito de vida?

La felicidad no se halla escondida en una vida sólo de momentos felices, eso no existe. En la vida hay momentos alegres y momentos tristes, pero si también te sientes satisfecho por cómo te desenvuelves cuando tienes un desafío, entonces serás realmente feliz.

Todo empieza en ti

No hay nada más poderoso que una persona que confía en sí misma.

Crea la vida que sueñas. Todo es posible, si tú quieres hacerlo realidad. Piensa que tú no eres tus pensamientos, éstos son cambiantes. **Tú no eres el sumatorio de lo que la gente piensa de ti, pues dependiendo del entorno en el que te muevas tendrás unas opiniones u otras.**

¿Entonces quién eres?

Descúbrelo mirando tu interior y escuchando de una vez por todas la voz de tu alma. Dedícate al menos 15 minutos y respóndete las siguientes preguntas:

- ¿Quién verdaderamente quiero ser?
- ¿Cómo quiero comportarme en mi día a día?
- ¿Qué estilo de vida quiero tener?
- ¿En qué punto quiero encontrarme en cuanto a: relaciones, dinero, salud, profesión...?

Para alcanzar y tener todo lo que ahora estás sintiendo, antes tendrás que serlo, (recuerda el orden ser-hacer-tener) debes ser la persona adecuada y merecedora de todo eso. Deberás pensar, sentir, comportarte y actuar como esa persona.

¿Cómo se hace?

Comportándote como el mejor actor de Hollywood.

¿Has escuchado eso de *se ha contado tantas mentiras que ha terminado creyéndoselas*? Pues eso.

¿Quieres meditar más, comer más saludable o ser más cercano con tu familia? Pues ya sabes cual es tu papel. Al principio te costará, estarás incómodo, pero **conforme vayas interiorizando la trama pronto pasarás de ser actor a ser el protagonista de tu vida.**

· ·

Mira con lupa cómo te tratas,

pues estás mostrando a los demás cómo

deberán tratarte.

· ·

El acceso a una vida mejor

A la hora de pedir algo, de desear algo, necesitarás hacerlo bien, necesitarás ser específico.

Sé claro y muy, muy específico.

Piensa en cuánto cuesta eso que deseas, dónde se encuentra, qué modelo es, qué color tiene, cuánto mide... define muy bien aquello que ansias.

Recuerda que un objetivo bien perfilado es el imán más potente.

Dedica tiempo a descubrir cómo funcionan las cosas que te gustan. Para después ponerte en marcha en la dirección correcta.

<u>No pases por la vida de puntillas</u>, no querrás irte de ella sólo habiéndola vivido un 20% ¡NO! Debes aspirar a tu 100%. **No malgastes la vida, descúbrela, vívela a tope, asegúrate de hacer todo lo que te haga feliz.**

> Para aprender sobre algún tema hazlo a través de:
>
> - ♥ Un mentor con resultados que te muestre el camino a recorrer.
>
> - ♥ Libros, videos, audios... sobre ese tema.
>
> - ♥ Observa y sigue a través de las redes sociales a aquellas personalidades que alcanzaron aquello que ahora tú persigues.

Aunque muchos podrán inspirarte con sus ideas, experiencias e historias de superación, sólo tú eres capaz de automotivarte. Una idea en esta línea, es la de Jim Rohn que dice que **invites a cenar a alguien de éxito y aprendas de él.** Lo único que necesitas es tener dos oídos para escuchar.

> No pienses en cuánto cuesta formarte, sino cuánto vale aquello en lo que inviertes tu dinero. La recompensa puede verse triplicada.

Todos tenemos el tiempo necesario para formarnos. Bastan treinta minutos al día, día tras día. En un día no parecen mucho, pero acumulados en el tiempo, sí que lo son. Si crees que puedes dedicarle más tiempo, hazlo, pero esos treinta minutos no son negociables. **Baraja la posibilidad de que por tener unos conocimientos insuficientes puedas perder grandes oportunidades en la vida.** Nutre bien tu mente y no la dejes caer en la desnutrición, muchas personas lo están haciendo.

> Cuando la nutras no sigas haciéndolo sólo de las "cosas fáciles" que se encuentran por las redes sociales, de lo contrario caerá en obesidad por "consumo chatarra", debes nutrirla con nutrientes saludables que la mantengan equilibrada y la hagan crecer.

Aquellos que han logrado tener vidas extraordinarias, antes se convirtieron en autodidactas. Si te fijas en el salario de aquellos que tuvieron exclusivamente la educación estándar y no se formaron así mismos, pronto te darás cuenta que sus salarios no son muy altos. **Debes invertir en ti para obtener más.** Es una regla que no falla.

Un buen consejo de Jim Ronh es que si deseas ser rico y feliz debes empezar por trabajar en ti más intensamente de lo que lo haces en tu trabajo actual. **Hoy tienes lo que tienes gracias a en quién te has convertido, tu persona ha atraído todas esas cosas a tu vida. Tanto si te gustan como si no.** Por tanto, si quieres obtener mejores cosas de la vida, conviértete en una mejor persona para poder atraerlas. Las personas con gran desarrollo personal son las que generan mayores ingresos.

Es por eso que la mayoría de las personas no entienden cómo van sus finanzas y cómo las pueden mejorar. No están formadas como deberían.

> Un ejemplo de lo que te hablo sería cuando alguien hablando de su salario te dice: gano 18 euros la hora. Y nada más lejos de la realidad. Si eso fuese así, mientras durmiese estaría generando dinero. Sólo lo gana durante unas horas. Estaría bien dicho ganar 18€/hora si estuviese hablando de ingresos pasivos, pero mientras sean generados a cambio de un trabajo activo, son 18€/hora durante "X" horas al día.

El dinero que te están pagando es por el valor que aportas a la empresa, es la forma de cuantificarlo. **Hay personas que tras sus estudios, no siguen formándose, luego se les termina el contrato laboral y te dicen que tienen 15 años de experiencia.** Y lo que en realidad tienen es 1 año de experiencia repetido 14 veces. No se han mantenido al día, sólo se han adaptado a los cambios que les han ido llegando o a los que la empresa les ha impuesto.

El mentor de Jim Rohn en una ocasión le dijo: *"**No desees que sea más fácil, desea ser tú mejor. No desees menos problemas, desea disponer de más habilidades. No desees menos desafíos, desea más sabiduría para ti**".*

No te empeñes en que las cosas se te pongan más fáciles, en lugar de eso ponte tú más fuerte. <u>Cuanto más formado estés, más capaz serás de enfrentar cualquier desafío.</u> Los desafíos puedes verlos de forma más positiva si te preguntas: *¿Qué haré con el próximo desafío que se me presente?*

Si sólo señalas con el dedo hacia fuera en lugar de enfrentar tus debilidades, sólo dejarás que tu ego se defienda. Piensa muy detenidamente que **si no te autosuperas y rompes con tus limitaciones; tus próximos cinco años serán una copia de este año, sólo que serás cinco veces mayor en edad.**

En cambio, si te vas superando, puedes ser cinco veces más extraordinario de lo que estás siendo hoy.

¿Qué es lo que puede marcar la gran diferencia en tu vida?

¿Qué vas a ser capaz de hacer por ti?

No pierdas la fe en tus habilidades y trabaja en ellas cada día para que crezcan más.

No sé si conoces la historia J.K. Rowling, una historia muy inspiracional, donde la falta de recursos económicos no frenó su creatividad.

Merece la pena conocerla.

> Esta mujer, por si aún no sabes de quien te hablo, que lo dudo, es la escritora de la famosísima saga "Harry Potter". Su infancia fue bastante dura, su madre estuvo enferma de esclerosis múltiple y murió cuando tenía 25 años. Tiempo después se mudó de Londres a Portugal y estuvo dando clases de inglés durante las noches. Mientras, Rowling empezó a escribir el primer libro de la saga.
>
> Se casó con un hombre, con el que tuvo una hija, desgraciadamente éste la maltrataba y tuvo que marcharse a Escocia. Se divorció, no tenía trabajo y apenas le quedaba dinero para alimentar a su hija. Incluso pensó en suicidarse. Habituaba ir a cafeterías, donde se dedicaba a escribir sus libros. Mientras, aprovechaba y se quedaba unas horas para disfrutar junto a su hija de la calefacción de las cafeterías, ya que en casa no podían permitírsela.

> Estuvo viviendo de las ayudas que le daba el gobierno hasta que publicó su primer libro. Tras la publicación, comenzó su abundancia económica, y a partir de ahí ya todos conocemos su éxito.

La falta de dinero no le impidió cumplir sus sueños, no la venció, consiguió hacerse un gran nombre en la industria literaria. Sus libros de fantasía ya han sido leídos por millones de jóvenes y se seguirán leyendo.

La lista de la felicidad

Te propongo que tengas un momento para ti y crees dos listas, que te hagan ver de dónde vienes y a dónde vas.

> - En la primera lista deberás poner aquellas cosas que agradeces a la vida por habértelas traído.
>
> - En la segunda lista anota aquellas cosas que esperas recibir y por las que pondrás todas tus energías para que se hagan realidad.

Antes de recibir cosas maravillosas debes estar agradecido por todas las buenas que ya has recibido. No serás más feliz cuando lleguen cosas nuevas a tu vida, sino cuando te sientas agradecido por lo recibido y abierto a lo que te llegará.

Tu ego es insaciable, recuerda agradecer primero todo lo que ya tienes.

> *Tus actos hablan tan fuerte, que no puedo escucharte*

¿Has oído hablar de la curva de aprendizaje? <u>Desde que somos pequeños hasta los dieciocho años es bastante exponencial.</u> Aprendemos rápidamente, hasta que llegamos a ser adultos, empezamos a trabajar y frenamos la curva.

Habitualmente ocurre que una vez que encontramos nuestro nicho de mercado, olvidamos nuestro desarrollo mental.

• •

¿Te imaginas en quién te puedes convertir si mantuvieses esa curva de aprendizaje a lo largo de tu vida?

• •

Empieza por aquellas pequeñas tareas que crees que te harán sentir bien una vez conseguidas y que te harán avanzar hacia las grandes.

De las hormigas hay mucho que aprender, piénsalo, son persistentes, no abandonan. Ellas tienen un destino al que llegar, si les pones un obstáculo en su camino, buscan la forma de sortearlo: por arriba, por abajo o por los lados... Son grandes planificadoras: se pasan todo el verano trabajando recogiendo todo el alimento que pueden para poder vivir con tranquilidad el invierno.

> En la fábula de la hormiga y la cigarra. La cigarra se reía de la hormiga por estar todo el verano almacenando granos. Mientras, la cigarra vivía despreocupada cantando felizmente. Hasta que llegó el invierno. En ese momento, la hormiga disponía de abundancia para vivir, mientras que la cigarra no tenía nada y acabó pereciendo.

En la vida ni son todo buenos momentos, ni son todo momentos de arduo trabajo. La vida tiende al equilibrio, por tanto, si tú también te enfocas en buscar el equilibrio y no te vas a los extremos, tus resultados serán extraordinarios.

"Centímetro a centímetro, todo se convierte en un juego de niños"

Robert Schuller

Una de las mayores satisfacciones de la vida ocurre cuando conviertes la mejora de las cosas que haces en un hábito. **Dar menos de lo que puedes dar tiene consecuencias negativas.**

Dice el refrán que: "*lo que haces habla tan alto que no puedo oír lo que estás diciendo*". **Las palabras se las lleva el viento, pero los hechos quedan forjados a fuego.**

Muchas personas se encuentran ahí fuera malgastando sus ingresos, y se dicen que la clave sería tener más dinero. Y el problema no es ese, es que viven por encima de sus posibilidades.

<u>Si tuvieran más dinero, gastarían más.</u> Si ellos hubiesen tenido un plan financiero, fuesen sus ingresos los que fuesen, ahora tendrían más dinero.

Hay dos claves: no gastar más de un setenta por ciento de tus ingresos y tener un colchón financiero de entre un año o dos, para imprevistos y no tener que tirar de los créditos en caso de emergencia.

Te propongo la <u>Regla del 70/30.</u> Debes aprender a <u>vivir con el 70%</u> de tus ingresos. Y <u>usar el 30%</u> de la siguiente manera:

♥ Un 10% irá destinado a obras de caridad que elijas, se trata de ser agradecido con lo que tienes y darlo de corazón a otras personas. Es una muestra de que te sientes abundante.

- ♥ Un 10% será para inversión: hasta que tengas el conocimiento de saber dónde invertirlo, hazlo primero en ti. Ya sea en productos, el equipo que necesites para crecer, mentores, seminarios…

- ♥ Un 10% será designado para el ahorro. De aquí saldrá tu colchón de tranquilidad.

Los pobres gastan su dinero y ahorran lo que les sobra, en cambio, los ricos primero ahorran y gastan lo que les queda.

Los porcentajes son orientativos, tú puedes trabajarlos de la forma que más se amolden a tu estilo de vida o tu forma de organizarte. Puedes hacer la separación al inicio de mes o cuando obtengas tus ingresos, a través de traspasos bancarios a diferentes cuentas que te crees o bien sacando ese dinero y metiéndolo en diferentes sobres.

Archivador personal de proyectos

Si eres de las personas ambiciosas que llevan varios proyectos en danza, es importante que los tengas bien organizados. Un archivador de anillas con separadores por secciones, es un método práctico de tener recopilada toda la información interesante a recordar o ampliar.

> Las buenas ideas pueden cambiar tu vida.
>
> Si tienes hijos puedes guardar una de las secciones para cada uno de ellos, donde recopiles información de cosas a recordar: <u>citas médicas, libros interesantes para comprarles, sus calificaciones escolares, próximos eventos a planificar con ellos...</u> Los asuntos financieros también podrían estar recogidos en una sección: <u>pólizas de seguros, facturas, inversiones...</u>

La agenda es tu gran aliada. Si un domingo te preguntas: ¿qué es lo que quiero alcanzar en *la próxima semana*? Cada uno de los días de esa semana será más fructífero.

Si sabes planificar una semana, podrás planificar a meses vista, incluso a un año. Conseguirás una mayor perspectiva a la hora de tomar grandes decisiones.

Vivir una gran vida

En este tiempo he aprendido una gran lección: **ser feliz con aquello que ahora mismo tengo mientras persigo aquello que anhelo.** De no hacerlo, nunca recibiré más, pues la vida está preparada para que aprendamos a valorar primero lo que tenemos y luego darnos más. Acerca de esto me dieron una vez un ejemplo muy, muy bueno. Voy a compartírtelo.

> Imagina que tienes un hijo y le compras un helado de una bola, sale de la heladería feliz a comérselo, pero al poco de salir se le cae la bola al suelo. Ahora imagina que han pasado tres días, vuelves a la heladería y tu hijo te pide un helado de tres bolas. ¿Se lo comprarías?
>
> Por supuesto que no.
>
> Si no supo manejarse con una bola, cómo iba a saber hacerlo con tres...

El universo actúa igual, hasta que no vea que valoras lo que tienes no te va a dará más. Pues no sabe si podrás con ello.

Es por eso que las personas que han sido pobres y ganan la lotería, al poco tiempo pierden todo el dinero. Lo han gastado, prestado, invertido mal... Como no son el tipo de persona que sabe administrar tal cantidad, lo más habitual es que vuelvan al estado del que partieron.

• •

A menos que te conviertas en la persona que tiene "X" cantidad, no serás la persona que tenga "X" cantidad.

• •

Recuerda, en la vida es fundamental seguir las reglas del:

No te puedes saltar los pasos y directamente tener. Antes deberás SER y HACER.

Otra de las cosas que aprendí es que es mejor tener poco y de buena calidad, que mucho pero *regulero*. Es de buen gusto y de inteligentes seguir esta premisa. **Mejor poco que toda la casa llena de basura.**

Entiendo que sea difícil seguir esta premisa con la cantidad de tiendas *low cost* que tienes cerca. Lo sé. Hasta a mí me cuesta. Intento aplicarla tanto como puedo, al menos no cedas en esas cosas que preveas un largo uso de ellas en el tiempo.

Para vivir esa gran vida, no tienes que irte muy lejos, busca información. Hay cosas maravillosas que puedes hacer, incluso en tu ciudad; seguro que hay sitios que no has visitado, restaurantes buenos en los que aún no has comido y experiencias esperándote para ser vividas.

"Si no perseguimos los placeres más altos, nos conformaremos con los más bajos"

Mortimer Adler

Busca siempre aquellas exquisiteces de la vida. Disfruta de lo mejor de cada momento. **No busques la cantidad, busca siempre la calidad.**

Crea un estilo de vida excelente en el que estés agradecido por las cosas de las que ya dispones y no des nada por sentado. A veces, también damos por sentadas a las personas que tenemos alrededor y no agradecemos los actos de amor que tienen hacia nosotros. **En la vida encontrarás muchos tesoros, pero ninguno tan grande como el amor.**

Protege el amor con ahínco. **Tener a alguien que te ama y amarlo, es lo más valioso de la vida.** Una persona cuidando y amando a otra, y viceversa; es símbolo de plenitud, felicidad y abundancia.

Me encanta la comparativa de la persistencia de los bebés al caminar con la de nuestra lucha por alcanzar nuestro estilo de vida ideal. ¿Cuánto tiempo le daría una madre a su hijo para que aprendiese a caminar? ¿Seis meses? ¿Siete? Nada de eso. <u>Todo el tiempo que el bebé necesite para conseguirlo.</u>

Nosotros debemos ser igual de persistentes y tomarnos todo el tiempo que necesitemos. ¿Qué es eso de ponerse límites temporales?

> "Nada puede frenar a un hombre que apuesta hasta su vida por cumplir un propósito"
>
> Benjamin Disraeli

Te propongo que te hagas preguntas reveladoras:

- ♥ ¿Por qué no compruebas hasta dónde puedes crecer?
- ♥ ¿Por qué no comprobar cuánto eres capaz de ganar y de compartir?
- ♥ ¿Por qué no comprobar en lo que te puedes convertir?
- ♥ ¿Por qué no ahora?

Consigue todos los libros que necesites para forjar tu plan de objetivos detallado, encuentra nuevas maneras de aumentar tu productividad. **Crea tu nuevo estilo de vida.**

> " La mejor manera de predecir el futuro es crearlo"
>
> Rob H. William

Debes disfrutar cada día de tu vida con emoción porque los días NO VALEN LA PENA, VALEN LA ALEGRÍA. **Si te levantas con sentimiento positivo y te dices que vas a tener un gran día y que nada te va a fastidiar el día. Tu mente trabajará sólo para buscar situaciones buenas que confirmen lo que dices.**

¡Ponlo a prueba!

Recuerda que tu lenguaje es un reflejo de cómo piensas. Si tu lenguaje es derrotista significará que tus pensamientos también lo son.

> "Los límites de mi lenguaje son los límites de mi mundo"
>
> Ludwing Wittgenstein

Todos somos un diamante en potencia, pertenecemos a una colección limitada. Pon toda tu potencia a trabajar.

¡Mereces lo mejor!

Cuando descubras cómo mantenerte en armonía y mejorarte cada día un poco más, puedes empezar aplicando los métodos que te expongo, notarás que tu vida mejora radicalmente. **Te aconsejo que aunque te apetezca, no salgas como un loco a decir a todos tus amigos y familiares todo lo que estás haciendo y lo maravilloso que es tu nuevo estilo de vida. Pues si no te están pidiendo consejo acerca de cómo mejorar sus vidas, les puede parecer un fastidio. Quizá ellos estén cómodos donde están o simplemente aún no les ha llegado su momento.**

Persiste en tus sueños al igual que lo hizo Steven Spielberg, el gran director y productor cinematográfico. Fue rechazado hasta en tres ocasiones por la universidad de artes cinematográficas de California. ¿Eso le hizo descartar su sueño? Para nada, cuando confías en ti, no existen NO suficientes para detenerte.

Te voy a dejar una tarea para que implementes en tu vida y la transformes.

¿Estás preparado?
Vamos allá.

Seamos sinceros y realistas, no siempre te vas a encontrar en la cúspide de la pirámide, a veces te encontrarás en la base. Para esos momentos en los que no quieres abandonar del todo tu sueño pero no es el momento, te propongo lo siguiente:

- Cambia la palabra NO por TODAVÍA NO. De esta manera, no descartas la posibilidad y haces que se mantenga viva la chispa de la ilusión.

- Cambia la palabra IMPOSIBLE por POCO PROBABLE. Aún queda esperanza y puedes luchar por encontrar la manera de lograrlo.

- Cambia de lugar las partes de las frases que incluyan un PERO:
    - Hace un día espectacular pero estoy cansado.
    - Mejor di esta: Estoy cansado pero hace un día espectacular.

Si me muestras cómo hablas, sabré cómo piensas. Es más, sabiendo cómo piensas, seré capaz de ver cómo será tu futuro.

"Cuando me levanto cada mañana no me encuentro ante el mundo, sino ante infinitas posibilidades de mundos"

Colin Wilson

Momentum felicidad

Con el paso de los años, conforme nos alejamos de nuestra infancia vamos perdiendo de vista aquellas cosas que nos hacen felices y las vamos dejando de lado, puesto que tenemos muchos quehaceres diarios que no nos dejan para nosotros más tiempo.

Pero la idea es simple ¿quieres ser más feliz?

Pues entonces busca la manera de hacer más cosas que te hagan feliz. La idea es lógica, pero nos falta práctica. **Las ideas que tienen más sentido son las que más pasamos por alto.**

¿Te gustan los parques de atracciones? ¿Hace cuánto no tienes ese subidón de adrenalina? Sea lo que sea que te guste hacer, hazlo, ya que te sentirás más feliz, y la vida se trata de eso.

> Cualquier agricultor te dirá: lo que siembras, recoges. Y, ¡qué cierto es! Aquello que haces día a día conformará toda tu vida.

No te quedes estático haciendo lo mismo cada día. Si de hoy en adelante dedicas un cachito de tu día a hacer algo por ti, algo que te haga feliz o te llene de tranquilidad como meditar, dentro de un año cuando eches la vista atrás, te encontrarás con un año más feliz que el anterior.

¿Qué te hace feliz? ¿Te hace feliz saber más de jardinería? ¿De estética? ¿Un deporte? ¿Desarrollo personal? Existen infinidad de temas...

Sea lo que sea que te fascine, recuerda que si te concentras en adquirir esa habilidad con un deseo inquebrantable y día a día te vuelves una persona imparable con tus hábitos, **te garantizo que en cinco años conseguirás un nivel de conocimientos y habilidades brutal, por los que los demás te verán en ese campo como a un auténtico experto.**

No olvides trabajar en ello con disciplina férrea.

"Los hábitos, según los científicos, surgen porque el cerebro siempre está buscando una forma de ahorrar esfuerzo. Si dejamos que utilice sus mecanismos, el cerebro intentará convertir casi toda rutina en un hábito, porque los hábitos le permiten descansar más a menudo"

Charles Duhigg

Messi o Cristiano Ronaldo concentraron toda su dedicación en aquello que les apasionaba, el fútbol. Entrenaron y entrenaron, mejoraron todas sus habilidades día tras día.

Hasta convertirse en los mejores jugadores del mundo. **No se dispersaron, ni quisieron ser buenos jugadores en dos deportes a la vez.** Se centraron en uno y dieron lo mejor cada día.

Enfócate como una flecha.

Dar a los demás te hace más feliz

"Sé feliz y agradecido por lo que ya tienes mientras alcanzas tus objetivos. Si no estás agradecido por lo que ya tienes ¿qué te hace pensar que serás feliz con más?"

Roy T. Bennett

Mark Zuckerberg, el creador de Facebook, en noviembre de 2015 donó junto con otros multimillonarios la mitad de su fortuna a la fundación de labores humanitarias de Bill Gates y Warren Buffet.

Para él, el nacimiento de su hijo supuso una introspección. Se dio cuenta de que hay mucho por hacer y él quería ser parte del cambio. **Un gesto hermoso, pues igual que deci-**

dió devolver parte del dinero recibido al mundo, también podría haber optado por no hacerlo.

Pero lo hizo.

Con historias como ésta vemos que el dinero no es ni bueno, ni malo; ni los ricos son tan buenos, ni tan malos. **Son las personas que lo tienen las que hacen que sucedan cosas buenas o malas.** Todo depende de en qué manos esté.

• •

El fuego en manos de un cocinero sirve para alimentar, en manos de un pirómano puede arrasar un bosque. El fuego no es ni bueno, ni malo, todo depende de quién lo use.

• •

Siguiendo con la generosidad...

> ❤ Paul Zack, de la Universidad de Claremont Graduate, verificó que entre la oxitocina y la generosidad existe una unión. La oxitocina es una hormona que genera placer y se ha demostrado que ésta se segrega cuando somos generosos con personas desconocidas.

> - El Journal of Happiness Studies nos aclaró que somos más felices cuando compartimos con los demás.
>
> - Otro estudio se encuentra en la revista Science, donde la doctora Elisabeth W. Dunn de la Universidad British Columbia, demostró que regalar a los demás incrementa tu felicidad mucho más que si lo que compras es para ti.

Ya tienes tres estudios que dicen que para incrementar tu felicidad, has de ser más generoso.

Una de las cosas que a muchos les fastidia cada mes es: pagar las facturas de la luz, los préstamos de la casa, del coche, de las actividades a las que se apuntan… A pesar de que esto fuese algo voluntario que escogieron, pues podrían no haber escogido vivir donde viven o llevar el nivel de vida que llevan. <u>Pero, voluntariamente lo quisieron, por lo tanto, deberían sentirse agradecidos por poder tenerlo y pagarlo.</u>

Todos podemos elegir vivir de una manera u otra. De hecho hay quien vive con tantas cosas como le es posible y otros que deciden vivir de una forma más sencilla o minimalista. Y no es ni más mala, ni más buena, una opción u otra.

Simplemente son opciones.

La felicidad

"La gente más triste que he conocido, han sido aquellos a los que no les importaba profundamente nada"

Channing Tatum

Cada mañana sal a buscar tu felicidad aunque parezca que se haya olvidado de ti. Porque es una amiga fiel si la sabes cuidar, pero que necesita saber que quieres realmente estar con ella.

Nuestros pensamientos de una manera indirecta son los que determinan nuestro nivel de felicidad. **Cuando nacemos, llegamos al mundo sin un nombre, sin una identidad, sin unas creencias...** Pero el mundo desde nuestra más tierna infancia se encargó de rellenarnos esos espacios.

Si ahora que ya eres adulto, notas que no eres feliz, debes urgentemente ponerte a cambiar tus creencias y patrones por otros más efectivos. **La posibilidad de escoger ser feliz está ahí y siempre lo ha estado.** Sólo que ahora lo ves más claro.

Nunca es tarde para cambiar el rumbo de tu barco, el timón siempre ha estado, está y estará entre tus manos. Tú decides si lo coges o no.

Channing Tatum, para dedicarse a lo que le apasiona, que es ser actor, antes tuvo que tener otros trabajos. Su familia era bastante pobre y de jovencito tuvo que tener hasta tres trabajos a la vez para poder ayudar en casa. Incluso, aprovechando su belleza se dedicó a ser Stripper, algo que nunca le gustó, pero que le generaba los ingresos que tanto necesitaba. A pesar de los tumbos que le estaba dando la vida, no se rindió y no dejó de presentarse a ningún casting. **Tras muchas puertas cerradas hubo una que sí se le abrió.** Gracias a su insistencia, a día de hoy le tenemos haciendo películas en la gran pantalla y triunfando.

Sin duda, un caso más que corrobora que si hay perseverancia y mentalidad fija en un objetivo, tarde o temprano éste se alcanza.

El mejor día del año

"La mayoría de la gente confunde los límites de su vida con los límites del mundo"

Arthur Schopenhauer

Cada día que vivas puede ser el mejor del año, si así lo eliges. Tú cuentas con el potencial necesario para hacer del día de hoy un día inolvidable.

¿Cómo?

Sólo tú sabes cómo podrías hacerlo, todos tenemos aspiraciones distintas.

> Tu vida es como una ventana, puedes tenerla tan limpia que a través de ella puedas ver el maravilloso mundo que hay ahí fuera. O bien, puede estar tan sucia que no te permita ver nada. Necesitarás limpiar el cristal, a través del cual ves tu vida, para poder ver más allá de tus miedos y falsas limitaciones.

Cada día de tu vida debes hacer algo para mejorarte un poco más. No te duermas en los laurales. Inspírate y aprende de empresas como Apple que no paran de innovar para ofrecer algo nuevo y mejor en cada lanzamiento.

Innova.

Applied Research in Quality Life publicó un estudio que decía que **sentimos mayor pico de felicidad durante la planificación de un viaje que durante el propio viaje.** Sin lugar a dudas, tan sólo con imaginar que realizamos algo que nos hace felices, ya empezamos a embriagarnos de esa felicidad.

Lo que de verdad importa

"Intenta y falla,
pero nunca falles en intentarlo"

Jared Leto

Ikea hizo un anuncio que resultó ser extraordinario. Tomó a diez familias con hijos y les pidió a los niños que:

- ♥ Escribieran una carta a los Reyes Magos.

Tras eso, se les pidió que:

- ♥ Escribieran una carta a sus padres.

Como puedes imaginar en la carta de los padres, todos los niños pedían lo mismo: que les prestasen más atención, que jugasen más con ellos, que les leyesen más cuentos...

Al final del anuncio, se les pregunto a los niños qué carta preferían entregar para que se cumpliesen sus deseos, si la de los Reyes Magos o la de papá y mamá. Y la respuesta de los niños fue: la de papá y mamá.

Toda una lección para esos padres que dicen que no se pueden permitir pasar más tiempo con sus hijos, debido a cuestiones laborales o bien porque el día a día hace que se les olvide lo más importante, el tiempo de calidad para sus hijos, ya que los dan por sentado.

Es curioso como pensamos las personas…

Damos por sentado que:

> ♥ Los hijos nos tienen que querer porque somos sus padres y nos une la genética.
>
> ♥ La pareja nos tiene que querer porque estamos casados y llevamos mucho tiempo con ella.
>
> ♥ Los amigos nos tienen que querer porque llevamos toda la vida juntos.

Cualquier tipo de relación que no se cuida se marchita, te des cuenta o no. Estamos tan enfrascados en la vorágine del día a día que no nos damos cuenta de lo que ocurre alrededor.

Pero de vez en cuando, tenemos que pararnos y pensar: **¿qué es lo que aprecio?, ¿qué es lo primero? Y agendarlo en la semana para que ese momento no se toque, al igual que no se toca tu horario laboral.**

> Dos de los supervivientes en 1972 del accidente aéreo en Los Andes, los cuales pasaron dos meses en pésimas condiciones dicen: "La primera experiencia que aprendimos de aquella historia es

> que en la vida uno siempre puede estar peor, por eso hay que ser agradecido con lo que se tiene. Se puede vivir con tan poco que sorprende que vayamos por la vida quejándonos de lo poco que tenemos y lo mucho que nos falta. En realidad, si nos fijamos, tenemos muchísimo. Nos sobra".

Valora cómo puedes ser más agradecido y fluye más con la vida, deja de preocuparte por cosas que aún no han ocurrido y deja de pensar en las cosas pasadas que ya no tienen solución.

• •

Existe un proverbio chino que dice: "si tiene solución ¿de qué te preocupas?, y si no la tiene ¿por qué te preocupas?"

• •

Ser feliz

Todos estamos destinados a la felicidad, o por lo menos a llevar una actitud positiva ante la vida. Cuando vamos caminando por la calle, nos encontramos a personas con la cara tan agriada que parece que se acaban de comer el limón más ácido del mundo. Trabajan de cara al público y no saben tratar con su público, aunque que les paguen por ello, con el paso del tiempo el dinero deja de ser un estímulo.

> Alguien que empieza en un nuevo empleo, comienza con ganas e ilusión, todo le parece novedoso, maravilloso, y ¿por qué no? el sueldo también es un estimulante. Esta persona trata a todos genial, pero con el paso del tiempo y tras haberse encontrado a personas que parece que se han levantado porque les ha caído un jarrón de agua fría, más que porque les haya sonado el despertador; se empieza a convertir en una persona pasiva y reactiva. Las actitudes de algunos empiezan a minar su positividad y se va alejando de la persona entusiasta que era al principio.

¿Se puede recuperar la positividad inicial? Sí, es más, no se ha perdido, sólo se ha quedado escondida en un rincón.

Si nos damos cuenta, ser respetuoso y tener aprecio por los demás, lejos de que parezca que sólo satisface al otro, nos satisface incluso más a nosotros mismos. Piensa en qué te hace más feliz y qué te hace sentir mejor.

¿Cuándo te sientes mejor: cuando alguien te ha hecho un favor o tras haberlo hecho tú?

Te darás cuenta que en una fiesta, disfrutas más preparando el regalo de alguien, el pastel que vais a comer, organizando todo en tu cabeza, pensando en la cara que pondrá la otra persona cuando llegue… que cuando la sorpresa te la dan a ti.

Igualmente, cuando saludas a alguien primero y le das los buenos días, después te sientes mejor; más incluso que cuando es el otro el que lo hace primero.

> Piensa que viste más una sonrisa en la cara que el vestido más elegante.

Al principio hazlo aunque sólo sea por tu imagen personal, luego lo seguirás haciendo por lo bien que te empezarás a encontrar.

Intenta llevar una actitud positiva siempre que puedas. Y que las veces que no puedas, sean las que menos. Que sea algo circunstancial, no dejes que defina tus días.

Hay personas que lo están pasando realmente mal, y a ellas como dice Víctor Küppers sí que se les perdona la actitud. Estas personas se encuentran en tres grupos muy bien definidos, son personas que se encuentran:

1. Con una enfermedad importante.

2. Ante la muerte de un familiar.

3. Persona con hijos a cargo y sin trabajo.

Los que sí pueden tener actitud positiva deberían de apoyar, reconfortar y tratar de alegrar los días grises de estas personas. Pero si todos vamos como si nos hubiese caído un jarrón de agua fria, no aportaremos nada a los que de verdad lo necesitan.

Te propongo un ejercicio bastante revelador...

> <u>Valora tus problemas del 1 al 10.</u> En la escala 1, es solucionable ya mismo, y 10 es muerte. Te dará luz y te hará saber si tu problema no tiene solución o si por el contrario es un desafío. <u>Recuerda que lo vas a tener que afrontar igualmente, pero tú decides si ser feliz o infeliz durante el trayecto.</u>

¿Qué elijes?

Si necesitas apoyo de alguien pídelo, no pienses que la otra persona te dirá que no, sé positivo abre tus puertas y tu mente. No seas como el protagonista de la historia del vecino y el destornillador.

No sé si habrás escuchado la historia, pero te la voy a contar...

> Un señor se encuentra con su vecino en el ascensor y éste no lo saluda, anda tan liado en sus cosas que ni cuenta se da de que se ha subido con él.
>
> Más tarde, recapacita sobre lo ocurrido y de que no estuvo acertado.
>
> Durante la tarde, el señor tiene que arreglar un mueble y necesita un destornillador. Piensa rápidamente en su vecino y en pedírselo a él. Pero empieza a recordar la situación de la mañana, piensa que de pedirle el destornillador, el vecino le dirá que después de cómo se ha comportado esa mañana con él, no se lo presta...
>
> Esa noche se vuelve a encontrar con el vecino en el ascensor y recuerda toda la historia que se montó en su cabeza acerca del destornillador y de repente, le dice al vecino: "Puedes meterte el destornillador por donde te quepa".

Es una historia que suena graciosa, pero ¿cuántas historias fantasiosas nos montamos cada uno de nosotros en nuestra cabeza?

Nos encanta anticiparnos a los hechos. Y quizá en la prehistoria cuando teníamos que cazar, nos venían muy bien para anticipar los movimientos de los animales. Pero ahora, sólo nos sirven para crearnos historias que en el 90% de los casos son negativas, no sucederán y no nos benefician para nada.

¿Cuál ha sido la última historia que te has contado acerca de lo que piensa alguien?

Has pensado que si todos están pensando en lo mismo: "¿qué pensarán los demás acerca de esto que he hecho?" Nadie está realmente pensando en esa cosa que has hecho, y que de hacerlo le prestará más bien poco tiempo, pues tienen otras cosas en las que pensar.

Recupera tu mentalidad libre y positiva, disfrutas más del momento.

Las personas somos seres evolucionados pero a veces debemos retroceder y tomar ejemplo de los animales. **La depresión y la ansiedad son creadas por la preocupación excesiva por el miedo al pasado o al futuro, respectivamente.** Son capaces de crearnos enfermedades como el cáncer, los infartos o las úlceras.

Si te fijas un perro puede verse preocupado cuando entra un gato en su jardín, al instante empieza a ladrar y corre hacia él para sacarlo de su territorio. Una vez lo ha logrado, se queda tranquilo y vuelve a jugar con la pelota o a tumbarse al sol. No se queda pensando en si volverá o porqué el gato ha llegado a entrar.

Nosotros deberíamos hacer lo mismo que ellos ante las cuestiones que son irrelevantes, en lugar de darles tantas vueltas, a la larga nos ahorraríamos esas enfermedades tan propias de las personas y que en tan contadas ocasiones se dan en los animales.

> Los problemas que tengan solución, trátalos como desafíos que afrontar. Afróntalos y con buena actitud soluciónalos lo más pronto posible. Y si no tienen solución entonces de ¿qué te preocupas?

Hagamos algo con aquello de lo que sí tengamos control. **Somos personas con recursos, búscalos, úsalos y si no existen créalos.** No te limites con la mente. Siempre hay alguien que ha vivido lo que tú estás viviendo y te puede ayudar. En serio, **en ese sentido no somos tan especiales. A alguien más ya le ha ocurrido lo que a ti te está ocurriendo.**

Quizá otra persona no haya vivido al 100% la misma situación, pero sí una parecida y lo más seguro es que esta persona esté encantada de ayudarte.

A todos nos gusta ayudar.

Ahora, no esperes que venga a ti la ayuda sin buscarla, si yo te puedo ayudar en algo pero no me lo dices. ¿Crees que lo puedo adivinar? En alguna ocasión, alguien puede tener un buen sexto sentido, intuir lo que necesitas y dártelo sin pedirlo previamente. Pero, eso no suele suceder, <u>no porque la otra persona no quiera, sino porque no sabe que lo necesitas.</u>

• •

Una madre que quiere lo mejor para su hijo.

Si éste se encuentra en problemas

¿crees que no lo quiere ayudar?

Por supuesto que quiere, pero antes éste

deberá contarle el problema.

• •

Algunas madres, pueden encontrar señales que les alerten de la situación, pero las madres que no se den cuenta de esas señales no son culpables por no haber hecho nada antes, pues no lo sabían. Ellas lo hubiesen ayudado mucho antes, pero no son adivinas. Digo madres, pero lo mismo aplica para los padres o cualquier persona que aprecie a ese chico.

"Trata de ser un arco iris en la nube de alguien"

Maya Angelou

En ti mismo puedes aplicarlo, cuando te sorprendas con actitudes pesimistas, cámbialas radicalmente, ayúdate a ti mismo. <u>Que ese instante sea como el indicador que tiene tu coche para avisarte de que algo va mal.</u>

Sabemos que si obviamos que se ha encendido un testigo en el salpicadero y no arreglamos el fallo del coche, tarde o temprano el coche dejará de funcionar. Lo mismo ocurre con las situaciones y las mentalidades negativas. Un pensamiento negativo no hace mucho, pero varios mantenidos en el tiempo pueden cargárselo todo.

El poder del cambio está en ti.

No esperes que llegue alguien con el ABC y el paso a paso de lo que debes hacer para que se solucionen todos tus problemas. Pues aunque existiese y te lo diesen lo más probable es que en ti no funcione. Porque ése es el ABC de esa persona y tú debes crear tu ABC personal e intransferible.

Cada persona vive unos desafíos propios y distintos a diario.

Todos somos el resultado de un sumatorio de desafíos.

No te limites a un sólo mentor. sigue a varios. Puedes tener a alguien que te proporcione claves en la parte financiera, otro que te ayude con la alimentación, otro con el ejercicio o con tu carrera profesional…

"Si he visto más lejos que otros, es poniéndose de pie sobre los hombros de gigantes"

Isaac Newton

Si nos dejamos enseñar, tenemos tanto por aprender…

El que dice: *"de eso no sé lo suficiente, quiero más"* lo tiene todo por ganar.

Existe una clave que usan todos los que se encuentran en la cima de los negocios, del deporte, de las canciones o del arte.

¿No te parecería sensacional poder descubrir esta clave y ponerla en práctica?

A mí me pareció apasionante conocerla y empezar a ponerla en práctica. Un mundo entero se abrió bajo mis pies…

Creo que si quieres crecer, y realmente creo que sí, ya ha llegado el momento de que tú también la sepas y me complace poder contártela. Pues, **tú puedes brillar mucho más fuerte de lo que hasta ahora lo has estado haciendo.**

Empieza a multiplicar los watios de tu bombilla sin parar.

Ahora, te pido una cosa, una vez que te la revele, promete que la pondrás en práctica.

¿Prometido?

Espero que tu respuesta sea un gran sí. Pues tu vida está a punto de cambiar, sólo si tú quieres...

Sigue leyendo y abre tu mente a lo nuevo, la clave está muy cerca...

En el momento que creas saberlo todo, hundirás tu barco, siempre hay novedades, el mundo está en constante evolución y es maravilloso porque siempre hay algo nuevo que descubrir.

La clave que tienen los grandes líderes en su sector y la que los ha hecho dominar su campo es que <u>fueron capaces de cultivar su curiosidad, investigaron e innovaron acerca de aquello que les apasionaba y tras 10 años de media pudieron convertirse en unos cracks en la materia.</u>

Tuvieron hambre de más constantemente.

Cuando llegues a esos diez años, sigue investigando, no te estanques, mejora, innova y te mantendrás a flote. **No hundas tu barco echándole piedras dentro.** Si hay algo que siempre te hubiese gustado dominar y que aún no dominas, invierte tiempo en ello sin cesar.

> ¿Conoces la teoría de las 10.000 horas?
>
> Esta teoría dice que puedes dominar cualquier materia si la prácticas y la estudias durante 10.000 horas. Lo que puede equivaler a unos diez años.
>
> A unos les llevará más de diez años, a otros menos, depende de lo que tengas que aprender, de tus habilidades, de tus conocimientos previos y lo más importante de tu actitud frente al hábito y la constancia.
>
> A más tiempo le dediques, antes llegarás a dominar el campo.

Dicho así suena a mucho, pero 10 años se pasan muy, muy rápido, no son diez años de sufrimiento. Piensa que son diez años en los que vas a disfrutar, pues estás mejorando en aquello que de verás te apasiona.

¿Ya suena mejor?

Seguro que sí.

Es así como hay que ver las cosas. Extrayendo lo positivo. Por supuesto, invertirás tiempo, esfuerzo y dinero en ello. Pero, no hay nada más maravilloso que desarrollar una habilidad que siempre has querido tener.

"Amaré la luz para que me muestre el camino, sin embargo, voy a soportar la oscuridad porque me muestra las estrellas"

Og Mandino

Ahora que ya conoces cómo los líderes se han hecho líderes, ¿te parece que éste sea el momento en el que decides dedicarle tiempo, esfuerzo y dinero a tus sueños?

Sin lugar a dudas, apuesta fuerte en la apuesta de la vida hacia tus sueños. Al final, sólo quedarán en el pódium aquellos que más se esforzaron por sobresalir, quedarán los que sean unos: Usain Bolt, Messi, Madonna, Rafa Nadal, Oprah Winfrey...

Sólo te pediré una cosa, que seas tú mismo, todos ellos ya están cogidos.

Debes esforzarte y crearte un hueco en aquello que te apasiona, a mí me apasiona este mundo del crecimiento personal y voy a luchar por encontrar mi sitio en el maravilloso mundo de poder apoyar a otros en la búsqueda de sus sueños.

Si no llegas a la cima, al menos habrás disfrutado de un camino maravilloso, en el que habrás crecido y en el que te habrás sentido orgulloso por tu crecimiento. Y no sólo eso, te sentirás orgulloso de ti mismo, pues habrás logrado vencer obstáculos, hacerte persistente y saber romper con tus propios límites.

Una vez que rompemos un límite personal, es mucho más fácil ir a por el siguiente y cargárnoslo. Las barreras se van rompiendo conforme vamos adquiriendo herramientas.

Es como un videojuego en el que vas subiendo de nivel y a más nivel, más moneditas tienes para comprar herramientas y derribar al oponente.

La vida es igual, a más desafíos te enfrentes, más habilidades y capacidades tendrás. Te estarás convirtiendo poco a poco en alguien **invencible**.

¿Estás dispuesto a romper tus límites hoy?

No te preocupes si no tienes las herramientas o no sabes cuáles son las que necesitas. Emprende el camino y la vida poco a poco te las desvelará, ya sea mediante personas que te guíen, información en videos, audios, artículos, libros...

Encontrarás tu camino. **Ponte en marcha, no dejes que la rutina te alcance y te atrape.** Rompe tus límites hoy.

¿Qué puedes hoy hacer diferente para mejorar?

¿Puedes convertirlo en un hábito?

Sólo tú sabes lo que te apasiona, sólo tú puedes tomar las riendas de tu vida.

● ●

♥ TÚ PUEDES.

♥ CONFÍO EN TI.

♥ CREO EN TI.

● ●

Decide que deseas

Vivimos en una sociedad en la que todos estamos más pendientes de lo que hacen los demás, que en centrarnos en lo que hacemos nosotros.

La mayoría quiere dar su punto de vista acerca del nuevo trabajo que ha empezado Pedro. Todos opinan que Inma para el poco dinero que gana, gasta mucho. La familia de Sara piensa que se merece un trabajo mejor, a pesar de que trabajar en un centro de rehabilitación de animales la haga feliz... Así, podría seguir y llenar toda la página.

> Cada uno de nosotros tiene un ovillo de lana bastante enredado en el cual debería centrarse ¿no crees?

La palabra <<*trabajo*>> viene de <<*tripalium*>> el cual era un instrumento de tortura compuesto por tres palos. Las personas eran atadas a esta estructura compuesta por tres palos y eran azotadas. La palabra fue evolucionando hasta convertirse en la que hoy conocemos, <<trabajo>>, como sinónimo de sacrificio y sufrimiento. Ahora ya sabes porqué para muchos el trabajo es una auténtica tortura.

Hay quienes prefieren sustituir la palabra trabajar, por dedicarse a...

Es ilógico que haya personas que se levanten cada mañana malhumoradas, sin ninguna gana de pasarse una hora metidos en un coche, con un tráfico horroroso para llegar a un trabajo que detestan… y aún así, creer que tienen derecho a opinar del trabajo de otros.

La única forma de hacer las cosas bien es mirar nuestra propia vida, analizarla y encontrar la forma de vivir desde nuestra vocación, propósito o misión.

La única forma que yo he encontrado de ser feliz es conociendo cuál es mi talento y poniéndolo a trabajar para mí. Todo lo que hago cada día, lo hago con ilusión y entusiasmo, y eso créeme que facilita mucho las cosas.

Lo mismo que yo he encontrado y que ahora poseo, es lo que voy a hacer que encuentres tú.

"La mejor manera de predecir el futuro es crearlo"

Rob H. William

Cuantas más personas vivamos de nuestra pasión, más maravilloso será el mundo. **Cada uno de nosotros ha venido con un talento especial.** No existe persona que no tenga uno. Lo que sí que hay, son muchas personas que aún no han descubierto el suyo.

Ni todos hemos venido al mundo para ser unos cantantes excelentes, ni todos tenemos la suerte de tener unas manos increíbles para dar masajes, ni todos somos unos jardineros extraordinarios, ni grandes cirujanos, ni excelentes escritores, ni tenemos unas manos de ángel para cocinar... Existen tantos talentos, que enumerarlos se me hace infinito.

Cada uno de nosotros tiene su propio talento, nadie tiene que crearlo, ya viene con él desde que nace. Lo único que hay que hacer con él una vez sabemos cuál es, es potenciarlo.

Te acompañaré en tu maravilloso camino de búsqueda, si es que aún no has dado con el tuyo. En el caso de conocerlo vas a descubrir cómo potenciarlo más y más.

Ideas

Debemos cambiar nuestro trabajo nutricional (ése que nos proporciona ingresos para vivir cada día) por uno alineado con nuestro propósito. Es ilógico que nos pasemos la vida haciendo algo que no nos gusta en absoluto.

• •

La vida es corta sí, pero créeme que se vuelve muy larga si te dedicas cada día a arrástrate hacia un trabajo que detestas.

• •

A partir de ahora, tienes una misión en lugar de un trabajo. Te animo a que vayas pensando hacia dónde apunta la tuya. ¡Ojo! **Si la encuentras pronto, no te vuelvas loco dejando de hoy para mañana tu trabajo nutricional...** Antes, deberás tener bien armado tu proyecto.

Sé que es obvio y no lo tengo porqué recordar, pero no quiero que alguien se lance a la piscina sin antes haberse parado a mirar si ésta estaba llena de agua.

Tu proyecto de vida es una forma de servir al mundo. Cuando cubres una necesidad que tiene alguien, esto se te devuelve con abundancia

> económica. Lo que te acabo de contar es tan cierto como que sucede hasta en el peor de los ejemplos que te puedas imaginar...
>
> Piensa en un traficante de drogas. El traficante tiene personas que consumen su droga y tiene un mercado reclamando ese servicio. Al darle a ese mercado el producto que desea, se le devuelve el servicio en abundancia económica. Cuanta más demanda, más beneficio.

El ejemplo anterior es muy extremo, pero era necesario exponerlo para que pudieses ver hasta que punto dar un servicio genera ingresos.

• •

Si tú das un servicio que las personas necesitan, y encima es tu pasión, éste te será devuelto con abundancia económica.

• •

¿Me sigues?
Genial.
Continuemos...

Cuando te dediques a tu talento, ya no tendrás que esforzarte más. Es muy cierto, que tendrás que trabajarlo para poder potenciarlo, pero no lo harás a través del sufrimiento, ya que es algo que haces de manera natural y se te da bien.

Es más, quizá tengas que invertir horas haciendo algún que otro curso de contabilidad, de networking o marketing, que no es que te hagan especial ilusión pero que los necesitas para tu negocio. Pero aún así valen la pena, porque forman parte de los complementos necesarios para el disfrute de tu pasión.

Algunas pasiones pueden requerir unos extra, puede ser que se te de muy bien dar masajes y que te quieras especializar en deportistas. Quizá para ello, debas antes adquirir el título de fisioterapeuta y tras ello hacer una especialización. Tras unos años de acciones extra habrás logrado dedicarte profesionalmente a tu talento.

Los talentos a veces deben pasar unos filtros, de nosotros dependerá si queremos pasarlos o no. Tú decides si a pesar, de los extra que hay que hacer, te vale la pena, aunque ya te digo que esto es preferible al típico trabajo de diez a siete de la tarde que *ni fu, ni fa*.

Pongamos otro ejemplo para que acabes de entender la idea...

Imagina que vamos a construir un rascacielos. Sabes que para empezar el edificio bien, vamos a tener que poner unas buenas bases de hormigón, ¿verdad? No es que sea lo más fascinante, ya que ni siquiera las vemos desde fuera, pero sabes que ponerlas es esencial. Estos cimientos equivalen a los extra que tenemos que hacer por nuestros talentos.

En cambio, cuando decoramos el interior del edificio o lo pintamos, ahí ya vibramos de la emoción. Esto equivaldría al uso que le damos a nuestro talento.

Todas las acciones son importantes para construir el rascacielos y hemos de hacerlas con la misma ilusión, pues todas avanzan en una misma dirección.

¿Lo ves más claro ahora?

Perfecto.

¿Cómo saber si el que creo que es mi talento, propósito o vocación realmente lo es?

Hay algunas claves para saber si estás en el camino correcto ya sea un propósito vital o laboral:

- ❤ *Te sientes feliz y pleno.*

No hay duda que si aquello que estás haciendo ahora mismo te está haciendo feliz, es que estás realmente en tu propósito de vida.

Tendrás la sensación de encontrarte bien la mayor parte del tiempo, cada mañana te levantarás con ganas de hacer cosas.

- ❤ *No te enfocas en los problemas, sino en las soluciones.*

Cuando tienes tan, tan claro qué es lo que quieres obtener de la vida; no te enfocas en lo negativo, <u>no ves los obstáculos como calles sin salida, sino que te centras en resolverlos, en encontrarles solución.</u>

- ❤ *Si nos referimos al ámbito laboral, fundamentalmente sirve al mundo.*

Tu vocación se halla justo en medio de lo que se te hace sencillo de hacer y te gusta, y lo que sirve al mundo de alguna manera.

Sigamos...

Parte 3: Donde ocurre la magia

Creer para ver

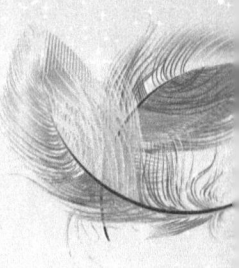

Los hechos no son como crees...

Las personas tenemos una visión limitada de la realidad: <u>**nuestra propia visión**</u>. Te habrás dado cuenta que cada persona ve el mundo y lo interpreta según sus creencias, los estímulos que recibe y su estado anímico del momento.

Una misma situación puede interpretarse de modo completamente distinto dependiendo de la persona.

La historia que te voy a contar refleja lo anterior...

> Un hombre va en el tren bastante cansado tras su jornada laboral. En la siguiente parada entran un padre y sus hijos al vagón. Los niños tienen un comportamiento exasperante, no paran de gritar y de ir de un lado a otro. El hombre viendo

que el padre no hacía nada para solventar la situación, decide hablar con él.

-Por favor, atienda a sus hijos. ¿No cree que su comportamiento no está siendo apropiado?

El padre con rostro de abatimiento responde:

-Tiene usted razón. Acabamos de volver del hospital, su madre ha fallecido. Creo que no saben como comportarse y en realidad yo tampoco.

Como refleja la historia, nunca vamos a saber que hay detrás de cierto comportamiento, a no ser que nos interesemos por el otro. Las realidades internas sólo las conoce la propia persona. Lo que percibimos es fruto de nuestra imaginación, unas veces acertará y otras no.

"No vemos las cosas tal y como son, sino como somos nosotros"

Immanuel Kant

Las creencias que tienes forman tu mapa del mundo, ¡ojo! no del mundo real, sino del mundo tal y como tú lo percibes. **Las creencias las podemos clasificar en expansivas o limitantes**, según el papel que jueguen en tu vida.

La mente tiene una forma de proceder que a veces nos deja perplejos. ¿Alguna vez te han prohibido comer algo, por ejemplo, un dulce? En ese momento te dices: *nada de dulces, no pienses en dulces*. Pero pronto te das cuenta que sólo piensas en dulces. Entonces te preguntas ¿por qué?

Pues bien, yo lo sé.

Resulta que Wegner en 1994 encontró la respuesta. Y es que **cuando la mente quiere no pensar en algo, ésta lo hace de manera inconsciente.**

El cerebro que siempre intenta ahorrar recursos y optimizar sus procesos, funciona en dos pasos. Primero va a la parte fundamental de la frase: los dulces. Y posteriormente trata de negar la acción, aunque ya se ha quedado estancado en la idea principal, *los dulces*. Es un mecanismo automático. Por eso, nos quedamos enredados. **Es mucho más efectiva la frase en positivo**: *comeré sólo cosas saludables.*

• •

Ahora entenderás que la frase de "no te preocupes" lejos de alejarte del problema te acerca más a él.

• •

En tu mente primero

La inspiradora historia de Enhamed en las Paralimpiadas de Pekín 2008, nos muestra que las cosas que deseamos primero suceden en la mente. A Enhamed le preguntaron si esperaba ganar sus cuatro medallas de oro. Su respuesta fue que: *ya las había ganado 1000 veces antes en su cabeza.*

¿Cuántas veces has visto en tu mente dónde te quieres encontrar dentro de unos años?

Espero que la respuesta sea miles.

Ya ha quedado demostrado científicamente que durante una visualización se activan las mismas regiones cerebrales que si estuvieras viviendo en directo el suceso. Tu cerebro no sabe distinguir en esos momentos entre llevar una actividad real o si es tu imaginación la que la está desarrollando. Los deportistas usan este secreto para mejorar.

"Da tu primer paso ahora, no importa que no veas el camino completo. Sólo da el primer paso y el resto del camino irá apareciendo a medida que camines"

Martin Luther King

Por muy mal que te estén yendo las cosas sigue adelante. Atrapa tu objetivo con todas tus fuerzas y persiste hasta que lo alcances. Tus sueños son innegociables. Tus acciones tienen que mantenerse en el tiempo.

> "No importa lo lento que vayas, siempre y cuando no te detengas"
>
> Confucio

Día tras día debes persistir en ese objetivo. Si quieres un músculo fuerte debes entrenarlo a diario, no vale de nada tres semanas duras y un mes sin hacer nada, pues perderías todo el trabajo. Zig Ziglar decía que: **"La motivación no dura. Bueno tampoco lo hace el baño, es por ello que se recomienda diariamente"**. Suena divertido, pero es una gran verdad sobre la que debemos reflexionar.

¿No crees?

La motivación es el disparador inicial que te empuja a ir tras tus metas. Pero tu grado de compromiso será el que te mantenga en el camino. Si comparásemos la vida a una pulsera, tu compromiso sería el eslabón entre tus sueños y la realidad que estás viviendo.

> *"La vida no es la que uno vivió, sino la que uno recuerda y cómo la recuerda para contarla"*
>
> Gabriel García Márquez

Las personas para protegernos y estar cómodas en el presente tratamos de contarnos un cuento mental en el que nos hacemos víctimas de lo negativo que nos está sucediendo. Pasamos la responsabilidad a otros, nos decimos que nos va mal por causas externas y que no podemos hacer nada para cambiarlas.

Nos apaciguamos instantáneamente tragándonos el fármaco, que nos libera de los síntomas momentáneamente, pero que no nos quita la enfermedad.

Deja de contarte mentiras, cuentos e historias victimistas y cuéntate más realidades neutrales.

> "No nos afecta lo que nos sucede, sino lo que nos decimos acerca de lo que nos sucede"
>
> Epíteto

Imagina la vida que deseas

Para poder alcanzar algo, antes tendrás que saber qué es eso que quieres.

Si buscas alcanzar la vida de tus sueños, antes hazte estas preguntas de forma sincera:

- ♥ ¿Cómo sería mi yo futuro en su mejor versión?
- ♥ ¿Conozco a alguien que tenga lo que yo deseo?
- ♥ ¿Cómo me comportaría con los demás si ya fuese así?
- ♥ ¿Cómo quiero ser recordado?
- ♥ ¿Qué le diría a mi yo actual si ya fuese esa persona?
- ♥ ¿En qué invertiría mi tiempo?
- ♥ ¿Y mi dinero?
- ♥ ¿Cómo me vestiría?
- ♥ ¿Cómo hablaría?
- ♥ ¿Qué cosas haría que me diesen energía?

Cuando tengas respondidas todas las preguntas sobre el papel, tu mente ya sabrá en qué enfocarse, por dónde deberá ir...

Te pido que no continúes leyendo sin antes haber contestado estas preguntas. **Establecer tu ruta en el GPS es fundamental para que funcione.**

La visualización de mi futuro ideal, ya la llevaba haciendo desde hace muchos años atrás y siempre me ha funcionado para hacerlo realidad. He de decir que siempre la había hecho de forma inconsciente, hasta hace unos años no sabía ni que esto tenía un nombre.

Siempre fui bastante soñadora, de hecho una de las frases que cuando era muy pequeña en el colegio me dijo una profesora, y que aún recuerdo fue: *"siempre estás en las nubes".*

Y la recuerdo precisamente porque era tan pequeña que por aquel entonces aún no entendía lo que era una frase con doble sentido, la tomaba al pie de la letra. Ya sabes que los niños pequeños, toman todo literalmente, por eso si le dices a un niño que conteste al teléfono y diga que no estás, cuando lo haga dirá: mi mamá dice que no está.

Yo me preguntaba dónde estaban en esa clase las nubes, si yo sólo las veía en el cielo... Ahora es una anécdota pero fue extraño de entender cuando era pequeña.

> "La vida debe ser vivida mirando hacia adelante, pero sólo puede ser entendida mirando hacia atrás"
>
> Kierkegaard

Como ves desde bien pequeña he imaginado, soñado y fantaseado con un algo más. Lo mejor es poder decirte que sí, que funciona.

En mi vida he soñado desde ser, hasta hacer o tener cosas materiales. Y sí, las conseguí atraer a mi vida.

Te pondré algunos ejemplos...

Mi historia profesional empieza desde que era bien jovencita...

Cuando era muy pequeña tendría unos cinco o seis años, vivía con mi abuela, y ella cuidaba a su cuñado que desgraciadamente estaba en la última etapa de su vida. Mi abuela me daba las medicinas cada mañana para que se las llevase y él se las tomase.

Paco, que así se llamaba, decía que sólo se las tomaba porque yo se las llevaba. Yo como era tan pequeña, me sentía muy orgullosa de mi trabajo cada día y fui creciendo queriendo ayudar a otros cuando estaban enfermos.

Al final me convertí en enfermera.

En el plano <u>*emocional*</u>, mi mayor ejemplo es mi marido.

Desde niña crecí viendo la maravillosa historia de amor que tuvieron mis abuelos, siempre quise algo así para mí. Una historia de amor llena de cariño y de respeto al otro.

Cuando tuve 16 años conocí al chico más maravilloso del mundo, con quien, hoy que escribo estas líneas, llevo junto a él media vida. Me siento tan afortunada y tan agradecida al universo por ello, que lo único que puedo decirte es que visualices aquello que desees tan fuerte como puedas y sientas que eso llegará a tu vida.

Y en el <u>*plano material*</u>, te voy a poner de ejemplo mi coche descapotable.

Cuando era muy jovencita vivía en una casa por donde se veían pasar los coches que iban dirección a la playa. Y en las tardes de verano siempre veía pasar un coche descapotable rojo. ¡Guau! Me alucinaba, era de una chica y yo fantaseaba con algún día ser yo la que condujese uno de ellos.

Cada tarde me asomaba a la ventana a ver si lo veía pasar, para mí era tan bonito...

Pues hasta hace un par de meses que lo he cambiado por un coche nuevo, he llevado un descapotable; es verdad que no era rojo, era negro, y mucho más bonito que el de mi infancia.

¡El universo me volvió a responder!

Cierto es que pasaron muchos años... pero si lo deseas de verdad llega a ti, el cómo no lo sabemos pero llega.

••••••••••••••••••••••••••••••

Cuando pidas algo al universo, a la vida, a Dios o lo que te resulte más cómodo para dirigirte, añade la coletilla: "eso o algo mejor".

••••••••••••••••••••••••••••••

Ten fe, te llegará.

Y en cuanto **al hacer**, una de las cosas que más he deseado hacer es conocer el mundo. Me ha fascinado desde siempre viajar, vi todos los programas de viajes que se emitieron en televisión antes de comenzar a viajar.

Me veía en ciertos lugares, tal y como si fuera el reportero del programa, llegaba incluso a imaginar a que olería la comida que se estaban comiendo, si estaría deliciosa o no...

Y ahora puedo decirte que he viajado a muchos lugares increíbles, algunos de esos lugares me gustaron tanto, que repetí otro año.

He estado en los glaciares de Alaska, en la preciosa capital de Vancouver, en los rascacielos de Nueva York, en las cataratas de del Niagara, en los funiculares de San Francisco, en las noches deslumbrantes de Las Vegas, en los rincones más maravillosos de Cancún, en las casas blancas de Santorini, en el emblemático Coliseo romano...

Otro sueño hecho realidad, y podría contarte muchos, muchos más. **Te lo cuento para que veas que es posible y que lo que te cuento es real, ponle el nombre que quieras: visualizar, soñar, imaginar, creer… el nombre es lo de menos, lo importante es que sepas que esto FUNCIONA.**

Ahora, te puedes hacer el panel de visualización de la era digital creando un video con aquellas imágenes y palabras que evoquen la vida que deseas crear. Puedes ponerle una canción de fondo para crear más anclaje y que cada vez que la escuches en un local, radio o fiesta te evoque a tu video de visualización.

Cada mañana a través de la visualización, planea tu día. No dejes que tu programación mental te dirija en piloto automático.

Siéntate en un lugar cómodo, realiza cinco respiraciones profundas e imagina cómo quieres que sea tu día. Imagina cómo vas a sentirte, con quien pasarás el día, qué harás… cuando tengas tu día perfecto, repítete varias veces una afirmación positiva que represente el día que vas a tener a forma de mantra. Por ejemplo: "hoy voy a tener un día muy productivo porque estoy llena de energía".

Te incito a que sueñes, a que sueñes a lo grande.

Cuida de ti

Cada día, al sonar la alarma, nos levantamos de la cama automáticamente como robots que han sido activados. Cada día hacemos cosas sin parar, de manera frenética, probamos nuestros límites viendo hasta donde podemos llegar haciendo más y más actividades. No nos tomamos un tiempo para nosotros, para la introspección.

Incluso cuando nos vamos de vacaciones planeamos miles y miles de actividades para hacer, y **cuando volvemos de las vacaciones tenemos la sensación de necesitar otras vacaciones para recuperarnos** de las anteriores.

Es de sentido común que un cuerpo no puede estar siempre en modo *on*, debemos respetar el estar ciertos periodos inactivos para recargar pilas y poder saltar al ruedo con energías. De lo contrario, por mucho que te esfuerces no llegarás al 100%, con suerte por más maquillaje y perfume fresco que te pongas estarás al 70-60%.

Podrás engañar a otros,
pero jamás te podrás engañar a ti.

Tómate ocasionalmente un descanso, no hagas nada durante un tiempo, relájate, sal a caminar, date un baño relajante, lee un buen libro, saborea un buen café, disfruta de un spa, date un masaje… Hay tantas cosas placenteras por realizar que podría estar hablando de ellas toda una página entera. Haz como dicen en el ejército: tómate un poco de **R&R (relajación y recreación)** descubre el poder rejuvenecedor que tiene la relajación.

Sería bueno tomarte al menos, un día a la semana para descansar; respetarlo y que ese día para ti sea sagrado.

Sueño

El cuerpo cada día, durante las mañanas secreta **cortisol**, éste te hace permanecer en modo *on*. Durante la noche secretas **melatonina**, que te hace estar en modo *off*.

El debate siempre ha estado en cuántas horas se recomienda dormir. La National Sleep Foundation, formada por expertos especializados en el sueño, acuerda que depende de la edad. Para un adulto, el **margen de descanso** se halla entre las siete y las nueve horas, con **un mínimo de seis horas y un máximo de diez horas.**

Ya se ha demostrado que la falta de sueño provoca una pérdida de hormonas, aumenta la inflamación y el estrés. Se dispara el cortisol, que es la hormona del estrés por excelencia; nuestro sistema inmune comienza a trabajar peor, se incrementan nuestras posibilidades de padecer obesidad, diabetes…

Vivir plenamente y descansar

En la novela *Rebelión en la granja* nos presentan a Boxer, un caballo bien fuerte y determinado. Ante cada desafío que se le presenta su respuesta es: *"trabajaré más duro"*. Siempre vive enfrentando cualquier situación por muy complicada que sea, él es valiente y fiel a su propósito. A pesar de su duro trabajo, un día lo envían al matadero.

Esta tragedia nos hace ver que a pesar de lo que se esfuerza por demostrar su valía, su vida desgraciadamente termina igual.

En la actualidad, las personas no dejamos de hacer cosas, de hecho tenemos la frase: *"tengo tantas cosas por hacer que no tengo tiempo ni para aburrirme"*.

¿Recuerdas la vida antes de la era digital, en la que ibas al médico y te sentabas a esperar? No tenías un móvil entre las manos para entretenerte, entonces te podías poner a pensar... Hoy las personas **hasta en la cola del supermercado aprovechan para mirar sus móviles, no hay espacio para liberar la mente.**

• •

Continuamente estamos ocupando nuestro tiempo, sentimos que un tiempo de desconexión es un tiempo perdido.

• •

Nunca te incitaría a deshacerte de la tecnología, nada más lejos de la realidad, es más, pienso que es una maravilla el tenerla. Lo que sí debes hacer es encontrar más momentos para ti, para pensar, para imaginar o para porqué no, para no hacer nada.

El tiempo que le dedicas a cada cosa está bajo tu control. **Cada vez hay más personas que toman el control, ponen el modo avión en el móvil durante unas horas y se dedican un tiempo a sí mismas.**

A mí, me gusta llevar el móvil silenciado, detesto que las notificaciones me estén distrayendo. Sólo cuando estimo oportuno, miro el móvil para ver si tengo algo interesante que atender. **No dejo que el mundo escoja por mí cuando debo prestar atención a ciertas cosas.**

Esto puede hacer que algunas personas se molesten, ya que dejas de prestarles atención justo en el momento que ellas estiman contactarte.

> Me pregunto, ¿quién es más egoísta? ¿Yo que no dejo que el mundo estime cuándo debo hacer cada cosa en mi propia vida o esas personas que deciden por mí cuando es el momento exacto en el que las tengo que atender?

Otra opción, es <u>desconectar por unas horas internet</u> para evitar las interrupciones de las continuas notificaciones y ponerlo con sonido por si te llega alguna llamada importante.

> Bill Gates tiene lo que llama una "Semana para Pensar" la estuvo practicando durante el punto más álgido de Microsoft. Dos veces al año, durante la época más ajetreada de la empresa, él busca tiempo para escaparse una semana sin hacer otra cosa nada más que leer artículos, libros, estudiar tecnología y coger amplitud de miras.
>
> Hoy en día sigue haciéndolo.

Podrías tomarlo de ejemplo y buscarte en la semana un ratito sólo para ti.

Cada uno sabe cuándo y en qué invertir ese **tiempo para pensar**. Unos lo harán dos semanas al año, otros pararán el ritmo los domingos para evaluar el rumbo que llevan y otros lo harán cada mañana o cada noche durante 10 minutos.

Debes ser capaz de centrarte en lo importante y deshacerte del ruido de alrededor. Como diría C. S. Lewis, **no andemos corriendo con extintores, en tiempos de inundación.**

Las vacaciones de tus sueños

Algo maravilloso que todos deberíamos poder disfrutar cada "X" tiempo, son las vacaciones, un break. A mí, me gustan anuales, pero hay quienes las hacen cortas y cada pocos meses, ya que así reponen las pilas más constantemente.

Reconozco que me son imprescindibles, no sólo por el descanso, sino por la ilusión que traen a mi vida durante el año de espera. Me mantienen encendida y motivada todo el año. Es maravilloso ver como cada vez va quedando menos tiempo para cumplir otro sueño.

En mi lista de sueños aparecen lugares lejanos que siempre he querido visitar.

Te animo a crear una lista de sueños si es que aún no tienes la tuya. Es lo más maravilloso del mundo, pues navegas en tus sueños y poco a poco los vas trayendo a tierra.

Tengo todos esos lugares que quiero visitar listados, archivados y los voy revisando cada medio año, tacho los visitados y si me surgen nuevos, los voy añadiendo.

Los viajes hacen que saques a volar toda tu imaginación, la planificación de mi último gran viaje a Canadá y Alaska fue increíble. Son recuerdos que no tienen precio y que siempre vivirán en mi mente. Recuerdo estar en la convergencia de varios glaciares en Alaska a los que sólo se podía acceder en helicóptero y decirle a mi marido: *"creo que ésta es la cosa más extraordinaria, preciosa e irrepetible que veré nunca"*.

Una conversación que se me quedará grabada fue la que tuve con una mexicana que viajaba con nosotros a Canadá mientras le decía lo mucho que me fascinaba el glaciar Atabhaska. Ella me dijo **que lo fotografiase mentalmente porque sería algo que no volvería a ver jamás.** Cuando ella era adolescente estuvo en ese mismo lugar con su familia y ahora, madre de adolescentes los llevaba a ellos a verlo. Me comentó que se había reducido muchísimo el glaciar, debido al cambio climático y me explicó hasta dónde se extendía años atrás. Algo que me pareció alucinante.

La vida es así de impredecible, no sabes que te traerá dentro de unos años. Viajar enriquece mucho, ves cosas increíbles, sales de tu zona de confort y si viajas con alguien más, estableces unos lazos increíbles.

Todos deberíamos darnos la oportunidad de hacer el viaje de nuestros sueños, sea al país que sea. Son viajes costosos admitámoslo, pero de momento **sólo tenemos una vida para vivir, aprovechémosla y hagamos con ella lo que nos dé la gana.**

> Ahorra un dinero durante un tiempo y empieza a soñar con tu lugar favorito. Busca fotografías del sitio, mantenlas cerca en un tablón de sueños, en tu móvil o de fondo de pantalla en tu ordenador.

El día que pises tu destino, alucinarás, llevarás tanto tiempo planificándolo que te parecerá increíble verte en esa situación. Pero, es que **te lo mereces**.

> Tardes tres años o treinta años ahorrando, irás, y eso es lo único que importa. No pongas fecha de caducidad a tus sueños, por suerte éstos no son yogures...

Si eres una persona muy visual, te invito a crear un **Dreamboard o tablón de sueños.** Los seguidores de la Ley de la Atracción lo conocemos muy bien y tenemos el nuestro. Esta es la forma de decirle al universo qué es lo que quieres de la vida. La forma de fabricación me recuerda mucho a los *collage* que hacíamos en el instituto.

- ♥ Se toma una cartulina grande y en ella se ponen diferentes fotografías sacadas de internet, de revistas o palabras acerca de los sueños que tengas: <u>lugares que visitar, formar una familia, tener una casa, tener más ingresos, más salud...</u>

Este tablón lo debes de tener a la vista para no perder tus sueños y mantenerte centrado. Ya sea que creas en la Ley de la Atracción o porque te mantengas enfocado y recordando constantemente tus sueños. Si nunca has visto uno, te invito a que vayas a internet y busques un tablón de sueños, hay muchísimos y te pueden dar ideas e inspiración para construir el tuyo.

Lo importante es que lo crees y que mantengas la mirada centrada en las cosas hacia las que te quieres dirigir.

Si eres de los madrugadores que guardan unos minutos para enfocarse hacia dónde se dirigen cada día, te propongo que mantengas tu tablón cerca. Una tendencia que muchos seguimos es la de levantarnos temprano y **aprovechar al menos una hora para nuestro crecimiento personal** (antes de salir a los quehaceres). Hay libros como *Las Mañanas Milagrosas* o *El Club de las 5 de la mañana* que desarrollan mucho más esta idea.

Esta rutina te hace pararte y ver qué es lo importante en esta vida tan acelerada y guardar un espacio de tiempo para ti, tiempo para: *hacer lecturas inspiradoras, hacer una serie breve de ejercicios para activar tu cuerpo, afirmaciones, meditación, gratitud...*

Tú puedes crear tu propia rutina con cosas que te beneficien, empieza probándolas todas y quédate con las que más energía te aporten. Si cada día te guardas unos minutos para atraer tus sueños a tu vida y para analizar cómo los vas a alcanzar, mantendrás el foco.

Si te dejas llevar por el mundo y empiezas a funcionar como un robot cada mañana, no avanzarás mucho.

¿Me sigues?

"En vez de preguntarte, ¿cuándo serán mis próximas vacaciones? Mejor construye una vida de la que no necesites escapar"

Seth Godin

Si las personas trabajasen más en lo que las apasionan, podrían vivir estando de vacaciones todo el tiempo.

Pero mientras no tengas ese tipo de vida, deberás vivir la que tienes con la máxima intensidad. Planifica sin cesar, **sueña despierto para que un día, tus sueños se conviertan en tu mejor realidad.**

El cuerpo bajo la lupa de la ciencia

> "Camina lento, no te apresures que a donde tienes que llegar es a ti mismo"
>
> J. Ortega y Gasset

Marian Rojas, es una psiquiatra que nos dice que **la actitud con la que vamos a una cita médica, un examen o un plan romántico determina cómo responderemos a ella.**

La felicidad no es lo que te pasa, sino lo que interpretas de lo que te pasa.

Por eso, ante un mismo concierto unos se lo han pasado genial y a otros no les ha gustado nada. A los que no les ha gustado, han encontrado defectos por todos lados (mucha aglomeración, entradas muy caras, bebidas muy malas, les dolían demasiado los pies...). Lo mismo ocurre en cualquier situación que analices.

Marian, está haciendo un experimento sobre la relación existente entre las emociones (cómo te tomas las cosas, bien o mal) y los genes.

Las emociones activan neuropéptidos, éstos van a las células y activan o desactivan las membranas. Marian nos dice que **terminas teniendo <u>células contentas o células tristes</u>, y esto influye en las enfermedades.**

Nuestras emociones son tremendamente importantes, ya que determinan nuestra salud. **Estudios revelan que la sociedad está medicada en un 20% a consecuencia de estados de ánimo bajos.**

Debemos aprender a ser más asertivos, responder a las situaciones sin ser tan agresivos. <u>Cuando algo te sucede y te lo guardas, tus células se van enfermando.</u>

> Si en lugar de enfadarte con el otro, aprendes a decir al que te ha hecho sentir mal, de forma sensata: "que sepas que esto que has hecho me duele", "siento que no se valora lo que estoy haciendo"... El otro lo va a percibir y tú te quedarás más tranquilo porque lo habrás expresado.

Marian Rojas habla de la **cronopatía** que la traduce como la enfermedad del tiempo. Nos dice que a una persona nunca le ocurre nada hasta que un día tiene un ataque de pánico o un infarto. Hay personas que nunca frenan, incluso los fines de semana los llenan de actividades, ya que les abruma el no tener nada que hacer.

> Nos comportamos de forma opuesta a décadas atrás. A lo largo de la historia hemos visto que las grandes ideas siempre surgieron en momentos de pausa, relajación... no ocurrieron en el frenético mundo de las prisas.

Si tienes un proyecto importante entre manos, FRENA, DESCANSA, TEN TIEMPO PARA PENSAR.

> De un estudio con 678 monjas que donaron su cuerpo a la ciencia, se obtuvieron datos muy reveladores. Esta muestra era muy homogénea, pues todas ellas llevaban un estilo de vida similar. Lo que diferenciaba a unas de otras fue la actitud que tenían ante la vida, y ésta estaba reflejada en sus diarios. Se analizó lo escrito y se verificó que aquellas que lograron vivir más años usaban más expresiones positivas.

Una vez más, la ciencia sostiene todo lo que te estoy contando en estas páginas.

Me gusta añadirte estudios porque quiero que compruebes por ti mismo que la ciencia apoya las ideas que te brindo, que no son conjeturas que he sacado a lo largo de mi vida, sino que son hechos probados.

Tu actitud ante la vida determinará en gran medida los años que vayas a vivir.

Salir de los estados negativos

Cuando te encuentras mal por un hecho en particular, ese día ya acabas centrándote en cada cosa negativa que te sucede.

Pero si en algún punto del día, frenas y te dices: *voy a dar un paseo para aclarar las ideas*. Resulta que cuando vuelves, vuelves nuevo. Y esto se debe a que te has dado la oportunidad de cambiar tu foco de atención.

Recuerda que aquello en lo que te enfocas se expande, por tanto, si te centras en una situación negativa, ésta se recreará una y otra vez en tu mente.

Tu mente te va a ir mostrando las cosas que se asemejen más a las que en ese momento tú estés poniendo tu foco

de atención, pues considera que son importantes para ti y por ello te envía más de lo mismo. Por tanto, si tu enfoque es positivo, eso será lo que tu mente estará atrayendo.

Esto no quiere decir que vayamos de *happies* y nos olvidemos de los problemas que tengamos pendientes de resolver.

Lo que a partir de ahora harás es que cuando te lleguen los desafíos, los enfrentarás desde un punto de vista de superación, de ver lo que puedes hacer para solucionarlos, y dejarás de caer en el papel victimista y del pobrecito de mí.

¿Me sigues?
Bien, continuemos...

Al principio, deberás mantenerte consciente de que tus pensamientos sean positivos, cuando éstos ya lleven un tiempo siendo positivos, tu mente poco a poco irá incorporando más y más pensamientos positivos sin que tú tengas que ser consciente de ello.

Lo que harás cuando te lleguen los pensamientos negativos, será simplemente obviarlos, no entrarás al trapo con ellos, no te castigarás porque han llegado, es más, mejor cuenta con que llegarán.

Ten en cuenta que dependiendo de en lo que tú te enfoques, así será tu realidad.

Parte 4:
El poder está en ti

Cuida tu imagen

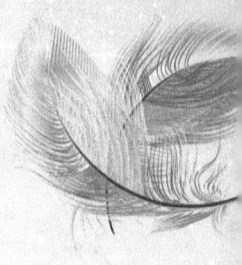

Tal vez seas de esas personas que piensan que nadie debería juzgarte por tu apariencia y por tu vestimenta. Pero, permíteme decirte que las personas sí lo hacemos.

Dado que es una evidencia, deberías prestar atención a tu imagen.

Tu apariencia exterior influye en tu interior. Los cuidados de belleza y tu vestimenta te ayudarán a sentirte mejor con lo que representas.

> "Hay tres motivos para los cuales vivimos; vivimos para el cuerpo, vivimos para la mente y vivimos para el alma. Ninguno es mejor que otro; todos son iguales. Y ninguno de los tres puede vivir si cualquiera de los otros es menospreciado"
>
> Wallace Wattles

Tu aspecto físico es tu tarjeta de presentación al mundo, determina cómo te ven los demás y la imagen que éstos se forman de ti.

"Cuida de tu cuerpo, es el único lugar que tienes para vivir"

Jim Rohn

Sentirte a gusto con la imagen que proyectas te ayudará a ganar más confianza. Te mostrarás más empático, cercano y transmitirás mejores vibraciones.

El ejercicio y el éxito

Cada mañana encuentra un momento para ejercitarte, si no puedes una hora, que sean diez minutos. Pero no descuides tu cuerpo. De seguro que ya conoces que **el ejercicio genera endorfinas (hormonas de la felicidad).**

Si tienes las endorfinas bajas, eres un caldo de cultivo para la tristeza. Las personas que tienen bajas las endorfinas suelen buscar el placer inmediato en cosas como: la comida grasosa, el alcohol o el tabaco.

Sal a correr, medita o camina.
¡Pero haz algo!

> *"Aquellos que no tienen tiempo para el ejercicio, tarde o temprano tendrán tiempo para la enfermedad"*
>
> Edward Stanley

Sería fantástico ser como la oruga y que al pasar el tiempo nos transformásemos en una bonita mariposa. Pero las personas **vamos a tener un mismo cuerpo que nos acompañará el resto de nuestra vida.** Así que hagamos un acto de responsabilidad y cuidémoslo.

> Las estadísticas en España son realmente preocupantes, en un año han aumentado en más de 200.000 los casos de cáncer, y se prevé que sigan aumentando más.

El cuidado de nuestra salud mental y física es fundamental, los médicos llevan mucho tiempo diciéndonoslo, pero <u>aún quedan quienes no quieren escuchar.</u> De nosotros depende mantener nuestro cuerpo con salud y a pleno rendimiento.

Si comes bien, te alimentas bien, practicas ejercicio, meditas... conseguirás tener la energía necesaria para rendir cada día a tu 100%.

"Se necesitan dos años para aprender a hablar y sesenta para aprender a callar"

Ernest Hemingway

Mimos emocionales

"Comienza lo que quieras hacer ahora. No estamos viviendo en la eternidad. Sólo tenemos este momento, brillando como una estrella en nuestra mano y derritiéndose como un copo de nieve"

Francis Bacon

Me contaron una historia que me hizo reflexionar sobre cómo nos dirigimos a los demás y lo que ellos pueden entender de lo que nosotros creemos que les hemos dicho.

Lee atentamente...

> En los primeros días de clase ocurre la siguiente situación:
>
> –¿Sabes leer? –Pregunta la profesora a un niño.
>
> –No. –Responde el pequeño.
>
> –¿Sabes escribir? –Pregunta de nuevo.
>
> –Sí, eso si sé hacerlo. –Responde el pequeño.
>
> –Perfecto, demuéstramelo, escribe lo que quieras. –Dice expectante la profesora.
>
> El niño se pone entusiasmado a garabatear y cuando termina se lo muestra a la profesora. La profesora asombrada al ver que no hay nada escrito sino un garabato sin lógica, pregunta:
>
> –¿No entiendo lo que pone, me lo puedes leer?
>
> –Le he dicho que sí sé escribir, pero que no sé leer. –Responde el niño.

A veces, sentimos que lo que estamos pensando y diciendo, el otro lo capta tal cual, pero vemos que no es así. Las interpretaciones son personales y **ante una misma frase dos personas pueden estar entendiendo cosas completamente distintas.**

Vivimos en una época donde se está dando un boom de inteligencia emocional. Nos encontramos en el principio, en el inicio de la cresta de la ola, somos pioneros en el cuidado de la mente. Se está viendo que va a suceder lo mismo que ocurrió con el deporte.

En los años cincuenta nadie hacia deporte, sólo los deportistas. Pues no habían personas que dijesen que fuese bueno para la salud, así que nadie lo practicaba.

A partir de entonces, empezaron a salir estudios que decían que si practicabas deporte te ibas a encontrar mejor. En ese momento empezaron a hacer deporte algunas personas.

Esto mismo es lo que pasará en los próximos años, con el cuidado de nuestros pensamientos y emociones. Ya hay cada vez más personas que se ocupan de ello y leen más para concienciarse.

Cada vez la sección de desarrollo personal, inteligencia emocional y autoayuda de las librerías es más y más grande. ¿Te has fijado? Hay un interés creciente por este tema.

Así que hagamos caso a lo que dicen los chinos: **"el mejor momento para plantar un árbol fue hace veinte años, pero el segundo mejor momento es ahora"**.

No esperes ni un día más para empezar a ejercitar tu mente, trátala como a un músculo más de tu cuerpo, entrénala y pronto verás enormes resultados.

Garantizado.

El cortisol

"Debo estar dispuesto a renunciar a lo que soy con el fin de convertirme en lo que seré"

Albert Einstein

Cuando vivimos situaciones amenazantes, activamos el cortisol, que es fundamental para vivir. El cortisol es una hormona que por la noche está baja y por las mañanas tiene un pico que te despierta y te activa.

Esta hormona se segrega tanto si te sientes amenazado psicológicamente como físicamente. El cuerpo segrega la sustancia sin distinción entre si lo que te está sucediendo es un peligro real o no.

El cuerpo no distingue entre situaciones reales o inventadas.

Marian Rojas, psiquiatra, reconoce que hoy en día tenemos muchas enfermedades relacionadas con esto, <u>enfermedades inflamatorias, síndrome de colón irritable o incluso algunos tipos de cánceres</u>. Marian dice que las metástasis sufridas en los cánceres nacen de los núcleos inflamados del cuerpo.

El cortisol afecta a una zona de nuestro cerebro llamada hipocampo, zona encargada de la memoria, y ahí pueden empezar de forma constante los fallos de memoria. Así como los **fallos en la concentración o los problemas de sueño**.

Recuerda que para que puedas dormir bien, tu cortisol debe estar bajo por la noche, pero si estás nervioso no lo dejarás bajar. Entonces tendrás micro-despertares por la noche, te levantarás con agotamiento...

¿Qué puedes hacer para revertir esto? Marian Rojas nos responde:

- ♥ <u>Ejercicio</u>, así de simple. El ejercicio físico elimina el cortisol.

- ♥ <u>Acallar la voz interior que comenta la jugada durante todo el día</u>: ya no estás tan mona, has engordado... Debemos educar esta voz. De lo contrario nos irá hundiendo y nos hará auto-boicot.

- ♥ <u>Soñar, tener sueños. Ilusionarse</u> tiene un gran impacto. En la corteza prefrontal, la zona que nos hace ser creativos. Sólo con estar ilusionado tendrás un mayor riego sanguíneo. Resolverás mejor los problemas.

- Meditaciones y mindfulness. Estamos en la sociedad más sobrestimulada de la historia, necesitamos parar de vez en cuando.

- Incluir omega 3 en la dieta: se ha demostrado que es un potente antiinflamatorio a nivel cerebral. La Sociedad Médica de Psiquiatría ya lo recomienda en personas con depresión. Lo mejor de todo: no tiene efectos secundarios.

- Menos pantallas (móviles, tablets, ordenadores) éstas son un inflamador del cerebro. Hay médicos que lo llaman demencia digital. El hecho de estar siempre en alerta por las notificaciones altera nuestro estado cerebral.

Te animo a usar más a menudo en tu móvil el modo avión, llevar más control de tu tiempo y de decidir cuándo hacer cada cosa. Yo casi siempre llevo el móvil silenciado. De esta manera, yo decido cuándo es el momento de conectarme con el mundo.

La magia de las afirmaciones

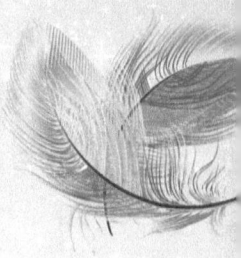

La forma más práctica de romper con nuestras creencias limitantes y poner en marcha las creencias expansivas es a través de las afirmaciones. Desde que las descubrí empecé a ponerlas en marcha para romper mis límites.

Si quieres romper con una vida que no te llena, estas líneas debes interiorizarlas muy, pero que muy bien.

Para tener una vida alucinante deberás dejar de decirte: "vaya pintas tengo", "que desgraciado soy", "que torpe soy", "no le gusto a nadie"...

> "Escribe afirmaciones positivas y léelas regularmente. El acto de escribirlas las imprime en tu mente y produce efectos a largo plazo"
>
> Wayne Dyer

Las afirmaciones positivas o decretos son frases que te dices a ti mismo de forma deliberada para crear una actitud expansiva.

Si aún dudas de que las afirmaciones funcionen, entonces haz el siguiente ejercicio. Di: "Yo soy la persona más miserable de mi ciudad" varias veces al día.

¿Verdad que no lo harías?

Tu intuición de alguna manera te dice que esto podría repercutir en tu vida.

Te animo a que crees tus propias afirmaciones positivas, las repitas varias veces al día y observes qué ocurre.

Gracias a su poder, se irán formando en tu cerebro nuevas neuroconexiones. Es evidente que cuanta más emoción le pongas y más creas en ellas, más eficaces y rápidos se producirán los cambios.

Gracias a tus emociones positivas, tu cerebro empezará a creer más rápido que eso que estás pensando es cierto y el cambio se producirá de forma más acelerada.

Las palabras que nos decimos son realmente importantes, son creadoras de magia, son pequeños conjuros que nos hacemos, capaces de cambiar una vida entera. Son el combustible y el aliento en los días más largos.

No importa que al principio no creas mucho en esa afirmación, ¡Ya creerás! Con el tiempo irás convenciéndote hasta que la creas 100%.

• •

Aunque esa afirmación ahora no esté definiendo tu presente, empezará a participar en el cambio del disco rayado que suena en tu mente constantemente.

• •

Desde que éramos niños nos hemos visto influenciados por nuestros padres, profesores, noticias, anuncios... ¡basta ya! Ahora sé tú el que tome las riendas, el que decida porqué cosas te quieres dejar influenciar. **Sugestiónate con las imágenes y palabras que más te interesen.**

Piensa que si los alimentos que comes son los que forman tu cuerpo, así mismo los pensamientos que tengas serán los que formen tu mentalidad. Por tanto, ambos nutrientes deben ser cuidadosamente seleccionados.

Te animo a que hagas tus afirmaciones nada más despertar o antes de ir a dormir, éstos son los momentos en los que tu subconsciente está más permeable y se deja impregnar por todo lo que le llegue.

Existen infinidad de afirmaciones, están las generales y las de un tema específico: amor, salud, éxito, abundancia...

Te voy a dejar una lista de afirmaciones para que te inspires y crees las tuyas propias, o bien si con alguna de ellas te identificas la puedas usar:

- ♥ Soy capaz de reenfocarme cuando me disperso.
- ♥ La vida es maravillosa y disfruto de estar un día más cumpliendo mis sueños.
- ♥ Encuentro oportunidades de crecer cada día.
- ♥ Confío en mis posibilidades.
- ♥ Tengo enormes cantidades de energía y vitalidad.
- ♥ Trabajo con gente extraordinaria.
- ♥ Amo mi vida.
- ♥ Merezco lo mejor.
- ♥ Hoy es un regalo más de la vida.

- ♥ Soy único, especial y me siento bien conmigo.
- ♥ Vivo en armonía con mis sueños.
- ♥ Mis sueños se hacen realidad en el momento ideal.
- ♥ Los puntos con el tiempo, se unen.
- ♥ Me gusta alimentarme y cuidarme saludablemente.
- ♥ Doy y recibo amor cada día.
- ♥ Sigo mi voz interna.
- ♥ Elijo una vida de abundancia.
- ♥ Amo mi luz, acepto mis sombras.
- ♥ Hoy es un nuevo comienzo.
- ♥ Puedo hacerlo y lo haré.
- ♥ Atraigo mis sueños.
- ♥ Puedo conseguir todo lo que me proponga.
- ♥ Confío en mí.
- ♥ Soy una edición limitada.
- ♥ Me perdono y perdono.

- Disfruto de cada día como si fuera el último.

- Acepto mi cuerpo y lo amo tal y como es.

- Puedo lograr todo lo que me proponga.

- Soy 100% responsable de mi vida.

- Tomo acción siempre, a pesar del miedo y la inseguridad que me da lo desconocido.

- Potencio mis habilidades.

- Me merezco más y mejor.

- Cada día mejoro un 1% más.

- Mi pasado no es mi futuro, mi futuro es lo que yo decida que será.

- Aprendo de cada fracaso, para mejorar y avanzar.

- Pido ayuda si la necesito, no me siento mal por ello.

- Acepto con serenidad la crítica ajena. Valoro si ésta es constructiva y puedo mejorar. Si no la desecho sin más.

Las afirmaciones nos permiten llevar una vida mucho más positiva y orientada a la paz interior.

Te habrás dado cuenta la forma tan diferente que tienen de hablar las personas exitosas de las que andan sin propósito alguno en la vida. Los primeros tienen una energía brutal, nada más que con escucharlos hablar quieres salir tú también a comerte el mundo. **Usan palabras positivas, alegres, motivadoras, enérgicas y transmiten tranquilidad.**

En cambio, los del segundo grupo te hacen sentir mal, **una vez que acabas una conversación con ellos sientes como si tu cuerpo te pidiese enchufarte rápidamente a un cargador porque estás con la energía al 5%.** ¡Te han consumido toda la carga! ¿Cómo no iba a ser así? Usan palabras de abatimiento, cansancio, tristeza, infelicidad...

Un estudio realizado durante más de veintitrés años con casi mil participantes de más de cincuenta años reveló que las personas más optimistas vivían siete años y medio más que el resto.

Mi postura acerca de cómo plantearme los desafíos de la vida está clara.

¿Y la tuya?

Mente abierta, mente optimista

"Me levanto cada mañana creyendo que el día de hoy va a ser mejor que el de ayer"

Will Smith

El día que des por hecho que estar de mal humor es lo normal, estarás enfermo. Si estás leyendo este libro, tienes muchas cosas por las que vivir feliz y tranquilo, cosas materiales al fin y al cabo que facilitan tu vida, cosas que otras personas no saben ni que existen.

Como nos diría Víctor Küppers, todos tenemos derecho a perder el ánimo, siempre existen motivos para estar desanimado. Pero, ¿qué hacemos? ¿nos vamos a la ferretería y compramos dos metros de cuerda y cometemos una locura? **Cuando estás desanimado pierdes lo mejor que tienes: *tu ánimo*.** A tus días empiezas a ponerles un poquito menos de interés, de alegría, de pasión... y acabas encontrándote en la mediocridad.

Martin Seligman, el padre de la psicología positiva dice que más importante aún que el que nos digan cosas nuevas, es que nos recuerden las que ya sabemos. Garantiza que según tu estado de ánimo, así irá tu vida personal y profesional.

Según lo que acabas de leer, todo apunta a que si tienes una actitud positiva, la vida te irá muchísimo mejor, vivirás más años y de mejor calidad.

• •

Conociendo tantos datos, no es opcional

el tener que buscar información acerca

de cómo llevar este estilo de vida.

• •

¿Cierto?

Pues bien, he investigado mucho acerca de esto para poder traerte hoy muchas claves.

Sigue leyendo...

El poder de la meditación

La meditación es una práctica que parece que se haya inventado estos últimos años, y nada más lejos de la realidad, lleva practicándose desde hace miles de años en Oriente. No dejamos de hablar de ella en libros, seminarios, artículos, videos...

La meditación es originaria de Asia. Consiste en practicar la atención plena para ser más consciente de tus pensamientos. **Tienes que concentrarte en el presente, sin querer mirar al pasado o al incierto futuro.**

 "Alguien hoy está sentado a la sombra porque alguien plantó un árbol hace mucho tiempo"

Warren Buffett

La meditación bien practicada, te hará entrenar tu mente, alcanzar un estado de plena consciencia y alcanzar a tu yo más profundo. Apaciguará tu sistema límbico y reforzará tu corteza prefrontal.

<u>Siéntete merecedor de pasar cada día un rato contigo mismo.</u> Este tiempo es igual o más importante que aquel que le dedicas a otras actividades. Es una forma de entrenarte para frenar la impulsividad del mundo, en el que queremos todo ya, las esperas no son válidas. **Necesitas un momento de <u>reset</u> en el que no hagas absolutamente nada, nada es nada, ni escuchar música, ni acariciar al perro, ni ver televisión...** un momento de silencio, de tranquilidad para ti.

Existen multitud de meditaciones; están las meditaciones guiadas, estas pueden ser generales o de un tema concreto como la salud, dinero, el amor o las relaciones; hay meditaciones a base de mantras, existe la meditación insight que consiste en concentrarse en la respiración...

Escoge tu favorita y practícala.

Se te estás iniciando existe una forma muy sencilla de practicarla, es la siguiente:

- ♥ Pon una alarma en tu móvil con el tiempo que desees meditar: 10, 15, 20 minutos...

- ♥ Escoge un lugar tranquilo de la casa donde nadie te vaya a molestar.

- ♥ Siéntate en un lugar cómodo mantén la espalda recta, si lo necesitas y estás más cómodo apóyala sobre una pared.

- ♥ Céntrate en tu respiración, tan sólo en eso. No hay que hacer nada más. Inhala y exhala con tranquilidad, nota como entra y sale el aire de tu cuerpo.

- ♥ Si de pronto te invaden los pensamientos, no te preocupes, es normal, vuelve a traer tu mente al momento presente, a tu respiración.

- ♥ No importa las veces que te invadan los pensamientos intrusivos, cuanto más practiques, más mejorarás. No te castigues, más bien date cariño, pues lo estarás haciendo genial al reconducir esos pensamientos.

- ♥ Céntrate en el momento presente, en tu respiración.

- ♥ Sigue así hasta que suene tu alarma.

Una de las cosas que más frustra es querer dejar la mente en blanco, y esto es imposible. La mente siempre va a tratar de divagar y de distraerte. **Céntrate en la respiración y cuando los pensamientos vengan, simplemente déjalos fluir.** Cuando medites, piensa en la respiración como tu gran aliada.

Entiendo que en tu día sea complicado encontrar un momento para ti mismo. <u>Pero ten por seguro que a tu puerta sólo llamarán las cosas urgentes. Las cosas realmente importantes deberá salir de ti mismo el ir a buscarlas.</u>

Cuando eres nuevo en algo, una de las cosas que quieres saber es cuándo empezarás a ver los resultados. Pues bien, en la meditación, los expertos suelen coincidir en que **se necesitan unos dos meses con unos 30 minutos de práctica continuada, para empezar a ver los resultados.**

"La meditación es como cepillarse los dientes. Mejor todos los días un poquito que uno mucho"

Tenkei Roshi

Sigamos...

Parte 5: La vida de tus sueños

Haz tus sueños realidad

La masa quiere todo ya, pero la vida requiere de tiempo y esfuerzo para el logro de grandes metas.

No puedes pretender querer hacer un plato como un gran chef con 30 años de experiencia, siendo un principiante en la cocina. Al chef esa maestría cocinando, le llevo tiempo y esfuerzo. Tú siendo tan sólo un iniciado no puedes obtener sus resultados.

Cada uno quiere cosas distintas en la vida:

- ❤ Tener una familia extraordinaria (faceta social).
- ❤ Libertad financiera a través de su propósito (faceta profesional).
- ❤ Viajar por el mundo (faceta personal).
- ❤ ...

En el fondo, a través de nuestros propósitos, todos buscamos lo mismo:
<u>SER FELICES.</u>

Cuando me acuesto sabiendo que he hecho todo lo que tenía que hacer para mejorar algo en mí, es cuando me siento realmente satisfecha.

¿Te ocurre lo mismo?

Apuesto a que sí...

Nos gusta la evolución, la mejora, desarrollar algo más en nuestra vida.

Seguro que alguna vez has notado que cuando tienes claro tu propósito y te focalizas, tienes más energía de lo normal.

¿Cuáles son esas cosas que...

- hacen que pierdas la noción del tiempo y te hacen sentir vivo?
- hacen que estés en flow?
- si no tuvieras miedo al fracaso harías?
- te gustaría hacer y no has hecho?

Hay quienes hemos creado una **visualización real de nuestro día perfecto**, para tener más presente hacia donde orientar nuestros objetivos. En la visualización te ves en tu día a día haciendo todas esas actividades que te gustan, rodeado de quienes quieres y viviendo donde te sientes feliz.

Parece un simple juego pero es súper efectivo. Realmente es inspirador.

Hay una historia que me gusta mucho acerca de lo que se necesita para lograr un sueño y es la siguiente...

> Cuando a Kennedy le preguntaron qué necesitaríamos para llevar un cohete a la luna.
>
> No respondió diciendo que necesitaríamos a los mejores científicos, ni que necesitaríamos tener determinadas piezas...
>
> Respondió: el deseo de hacerlo.

Toda meta sólo necesita el deseo de querer realizarla.

Una historia de propósito bien definido es la de Howard Schultz. Howard es el presidente de la compañía Starbucks, la cadena de cafeterías más grande del mundo.

Nació en Brooklyn y en su juventud vivió en un edificio protegido por el gobierno. Creció en una familia bastante pobre, pero eso no le frenó. Tuvo incluso que llegar a vender su sangre para conseguir dinero.

Un día probó los cafés de Starbucks y le fascinaron, pidió al dueño que le dejase trabajar en la empresa, en cualquier puesto, ya que esta empresa le fascinaba; pero no le admitieron.

Siguió intentándolo, hasta que a los 29 años consiguió un puesto en la empresa. Con los años Howard fue escalando puestos hasta llegar a ser presidente ejecutivo, su puesto actual.

Ni los problemas económicos con los que creció, ni su rechazo a entrar en la empresa, ni su situación familiar le impidieron soñar en grande y ser hoy la persona que es.

Deja de ponerte excusas de dinero, tiempo, edad…

El momento es ¡ahora!

Si la muerte llama un día a tu vida, mejor que te pille viviendo.

Si otros lo han logrado, ¿qué es lo que a ti te frena? **Detrás de una persona exitosa hay una historia que merece la pena sentarse a escuchar.** Los caminos hechos con pétalos de rosa no funcionan en la vida real.

Tu sueño, es la única opción

"Para tener enemigos no hace falta declarar la guerra, sólo basta con decir lo que se piensa"

Martin Luther King

A las personas que no tienen entusiasmo, les faltan más sueños desafiantes. Es primordial tener la ilusión de perseguir algo que despierte en ti una chispa. Algo que haga que cada mañana tengas un motivo por el que levantarte, por el que ilusionarte y por el que te plantees un futuro mejor.

- ¿Tienes sueños que te inspiren?
- ¿Existe algo que de lograrlo te haría sentirte realmente feliz?

Lo peor que puedes hacer es no hacer nada.

Ser conformista no es una opción. Empieza en pequeño. Esos pequeños pasos que des incrementaran tu ilusión, tu emoción... Todo se transformará.

Empieza con acciones que estén a tu alcance, pequeñas, pero que te estimulen a querer seguir haciendo más:

- Una noche romántica.
- Una escapada de un fin de semana a un lugar que incite relax.
- Una tarde de masaje y cuidados estéticos.
- Obséquiate con un buen chocolate y un buen libro en una tarde lluviosa.

Escoge aquello que te aporte felicidad y poco a poco ve ampliando tu lista con cosas más retadoras.

> "La felicidad no es algo que se pospone para el futuro; es algo que se diseña para el presente"
>
> Jim Rohn

Tus sueños pueden ser alcanzados. Lo que te ha estado limitando hasta ahora ha sido tu mentalidad. Confía en ti, con perseverancia y enfoque, encontrarás el camino que ahora tienes oculto.

La confianza es el motor cuando acechan los obstáculos, las dudas y cuando vienen esas personas que te dicen que: "es difícil", "ahora no tienes tiempo", "ya lo harás más adelante"…

Confía en que saldrá bien, sólo tú debes valorar cuánto eres capaz de apostar por tus metas. Depende exclusivamente de ti el pensar que ¡sí lo vas a lograr! Alimenta tu motivación, alcanza micro-objetivos, te ayudarán a alimentar tu fe.

> Joe Dispenza, tras un accidente se rompió la columna por varios lugares. Le dijeron que no podría volver a caminar. Inició un proceso de curación desde la restructuración mental y no dejó entrar a su habitación a nadie que no creyese que iba a volver a caminar. Finalmente, consiguió volver a caminar.

No dejes de ser fiel a tus compromisos. Te van a llegar obstáculos como montañas, y aún así podrás con ellos.

Los hábitos son cruciales para que te mantengas en tu mejor versión. Si lo que te motiva es empezar fuerte por la mañana, te recomiendo seguir los hábitos del libro *Las Mañanas Milagrosas*.

Piensa en qué cosas podrías hacer a primera hora de la mañana que te permitiesen situarte en tu mejor versión y hazlas. Podrían ser: *ejercicio, meditación, establecer tus objetivos diarios, agradecimientos, afirmaciones positivas, alimentación saludable, tiempo para pensar, yoga...* Actividades o acciones que te hagan mantenerte enfocado.

Una vez acabes tu rutina, te sentirás satisfecho e ilusionado por comenzar el día.

Cuando estás ilusionado lo contagias a los demás. Pero es que a la inversa también pasa. ¿Quién tienes a tu alrededor que sea optimista y comprometido? Reúnete con él, habla con él cada día, mantente cerca de estas personas. Sacarán lo mejor de ti y harán que tú también estés comprometido con tus objetivos.

Aléjate de aquellos que minen tu ilusión. **Elige conscientemente con quién eliges pasar tu tiempo.**

• •

Juntarte con los mejores de manera consciente, no es elitista, es inteligente. Donde yo vivo hay un dicho popular que dice que todo se pega menos la belleza...

• •

Si empiezas a actuar como si estuvieras entusiasmado, pronto empezarás a estarlo. Entrénate como lo hacen los deportistas. Empieza a actuar como si ya fueses esa persona alegre y optimista con la que sueñas convertirte, empezarás a crear en tu mente nuevas rutas de conexión para crear ese entusiasmo.

Incorpora a tu vida cosas y acciones que hagan tu día a día más positivo. Como por ejemplo:

- Frases positivas, canciones motivadoras, paseos por lugares inspiradores, pausas durante la jornada, escuchar monólogos, leer libros motivadores...

Mantente agradecido, recuerda que aquello en lo que te enfocas se expande. Por tanto, **si al universo le envías señales de <<no tengo>> seguirá sin dártelo.** En cambio, **si agradeces lo que tienes, seguirás teniendo eso y mucho más.**

Las personas que esperan llegar a su objetivo para ser felices, están cometiendo un gran error. Porque optan a quedarse por el camino. <u>Celebra cada micro-objetivo, cada avance debería ser una autofelicitación, una fiesta.</u> ¿Qué te hace pensar que si no eres capaz de ser feliz, valorar quien eres y lo que tienes ahora, dentro de cinco años lo valorarás más?

- <u>Piensa cada día:</u> hoy ha sido un día productivo que me ha hecho estar más cerca de mi sueño.

- Celebra esas pequeñas victorias que hacen que se mantenga tu entusiasmo.

- Vive cada día con pasión plena, <u>recuerda que en la película de tu vida, cada día forma una escena, haz que verlas a todas ellas juntas merezca la pena.</u>

Tu gran propósito

Para tratar los propósitos no se me ocurre persona más adecuada que la grandiosa Oprah Winfrey, una luchadora de sueños en toda regla que dijo que: **"Si no sabes cuál es tu pasión, entiende que una de las razones de tu existencia en la tierra es descubrirla".** La vida está para descubrir aquello que te hace feliz y una vez que lo sepas, explotarlo.

Enfócate en la parte del vaso que sí está llena. Cuando te enfocas en tus sueños y en cómo pueden realizarse poco a poco irás descubriendo todo lo necesario para crear ese éxito.

Tu propósito es lo más valioso que tienes y no debes parar hasta encontrarlo.

"Hasta que el pensamiento no esté acompañado de un propósito, no se conseguirá ningún logro inteligente"

James Allen

Tu creatividad se desata cuando tienes un gran propósito, un proyecto extraordinario que perseguir. Tu mente comenzará a expandirse en todas direcciones y te abrirá nuevas puertas.

> "Dentro de cada deseo reside la semilla
> y el mecanismo para lograrlo"
>
> Deepak Chopra

Ya te habrás dado cuenta de que la mayoría de personas se enfocan en los problemas, en cambio, las personas exitosas se enfocan en las soluciones.

La última carta

Un ejercicio súper enriquecedor y bastante duro de realizar para poder ser conscientes de lo efímera que es la vida, es el que realicé en una clase de psicología durante mi época universitaria.

Nos pidieron que tras recibir la noticia de que desgraciadamente moriríamos en unos días, escribiésemos una última carta de despedida. En ella nos dirigiríamos a las personas que más amamos con palabras de agradecimiento, consejos sobre cómo vivir y disfrutar la vida, una vez que ya sabemos que nuestro fin se acerca...

> Te propongo que escribas una, ahora mismo. Busca un sitio tranquilo donde puedas estar a solas por unos minutos. Si hoy fuese el último día de tu vida, ¿qué les dirías a las personas que amas?

> Ponte una canción lenta que te deje explorar todas las facetas de tu vida con lupa y extrae las mejores conclusiones.
>
> - ¿Qué sueños te arrepientes de no haber vivido?
> - ¿Qué cosas hubieses hecho de forma diferente?
> - ¿Con quién hubieses pasado más tiempo?
> - ¿Qué emociones te hubiese gustado sentir cada día?
> - ¿Viviste tu vida a su máximo potencial?

Una vez acabes el ejercicio, descubrirás el legado que te gustaría dejar. Sacarás a la luz todos tus valores primordiales, y valorarás si prestas o no atención a las cosas importantes de tu vida.

Deja el libro a un lado, toma papel y boli y **revoluciona tu vida.**

Ponte a ello.

Escribe la carta.

¿La tienes?

Perfecto.
Continuemos...

Ahora debes tomar acción y elevar tus estándares para que tu vida mejore tras haber realizado el ejercicio.

No te compares con nadie más sino contigo mismo, **compara tus avances con el punto del que partiste y así realmente sabrás si estás avanzando o no.** Cada persona lleva su ritmo particular de crecimiento en base a su trayectoria, sus habilidades, capacidades, recursos... por este motivo no es del todo bueno compararse con otros.

> Ponte un estándar de "fuera de serie" para tener unos resultados extraordinarios.

Muchas veces creemos que si tuviéramos algo más de lo que tenemos hoy, seríamos más felices. Cuando difícilmente si no eres feliz con lo que ya tienes, raramente lo conseguirás cuando obtengas más.

Tu cerebro con 2,2 kg. es tu mayor arma para el combate de la vida. El problema es que no sabemos desatar todo nuestro poder, no sabemos cómo usar todo nuestro potencial en cada instante.

Ojalá fuésemos como ese electrodoméstico que viene con un manual de instrucciones.

El cómo piensas acerca de las cosas es lo único que puedes controlar, las circunstancias externas no.

Todos tus resultados actuales y los que cosecharás vienen derivados de tu *postura mental*.

James Allen, considerado como la persona que inició el movimiento de autoayuda, dijo: "Si albergas en tus pensamientos, *malos pensamientos, el dolor te seguirá como sigue el arado al buey. Si en cambio, tus pensamientos son elevados, la dicha te seguirá como si fuera tu propia sombra. Te lo aseguro*".

"La mente del hombre puede compararse a un jardín, que puede cultivarse inteligentemente o tenerlo abandonado y plagado de hierbas. Ya esté cultivado o desatendido, está destinado a producir frutos. De no sembrar en él semillas útiles, las simientes de las malas hierbas caerán, crecerán y se reproducirán en abundancia".

No se puede vivir una vida positiva albergando pensamientos negativos. Si te das cuenta las personas pesimistas son así, plantan malos pensamientos constantemente, se enfocan en lo malo. Y así está su jardín mental.

Controla tu pensamiento, PON EN ORDEN TU JARDÍN.

Un sólo pensamiento negativo no va a suponerte realmente un problema, el verdadero problema surge cuando arrastras varios pensamientos negativos. Ahí es cuando empezarás a sentirte desanimado, desmotivado...

Cuando te avasallen los pensamientos negativos sustitúyelos por positivos, cuando estés pensando en el positivo, ya no habrá sitio para ningún pensamiento negativo. Ya que **la mente sólo puede ser ocupada por un pensamiento a la vez.**

Potencia en poder

En la actualidad nos encontramos en el momento del ser, de la persona. Por eso, los influencers de Instagram, YouTube o Facebook venden más un producto comercial que si fuese anunciado en televisión.

Queremos personas reales que usen las cosas y nos digan cómo son esas cosas. Nos gusta ver a las personas.

Aunque también los hay, que en las redes sociales se venden por dinero y anuncian cosas que ellos jamás usarían y las ponen como fantásticas. Éstos son detestados y pronto pasan a ser apartados.

Buscamos personas reales.

Cada vez que un referente dice que no vayas a la universidad sino que te dediques a tus sueños, se malinterpreta. Está bien ir a la universidad, si lo que estudias es tu pasión.

Pero si tu sueño no necesita universidad, ¿para qué vas? ¿por qué es lo que toca?

Debes trabajar y estudiar mucho, pero en lo que se refiere a potenciar tu don, para ser el mejor en ello. Vuélvete imparable en ello, ahí sí, conviértete en el mejor.

> Algunas personas tuvieron una historia difícil y dura. Éstas tenían dos opciones:
> - Hacer de su pasado su presente y seguir igual.
> - Salir de ese pasado y usarlo para en el presente contar una historia increíble de superación.

No hay más que mirar algunas de las charlas TEDx. Tú decides si quieres una vida extraordinaria o mediocre. Como dice Ralph Waldo Emerson: **"El mundo abre paso al hombre que sabe a dónde se dirige".**

El pasado no puede definir tu presente si tú no lo eliges como opción. Para que puedas saber si estás en el presente, piensa que:

- ♥ Si ahora estás deprimido es porque hay un exceso de pasado.
- ♥ Si estás ansioso es porque hay un exceso de futuro.

No te aferres a la frase de que la gente no cambia. Todos cambiamos. Es una constante en el universo.

Debes actualizar tu software mental a la última versión.

Tú puedes cambiar a tu mejor versión, si verdaderamente quieres. Aunque si no lo haces, de alguna manera también lo estarás haciendo aunque será en tu perjuicio. Pues, no hay nada estático.

Valentía en tus sueños

Una vez Thomas Edison dijo: *"lo he conseguido porque no sabía que era imposible"*. Esto explica porque el no contar nuestros sueños, hace que muchos parezcan más capaces de seguir adelante, pues no tienen a nadie detrás, poniéndoles el cielo tormentoso.

Cuando estamos preparados para contar nuestro proyecto las paredes, muros, barreras de las que los demás nos avisan no nos van frenar. **Si nos encontramos con ellas, las derribamos, las saltamos o las rodeamos.** Ya no nos parecen tan infranqueables.

• •

Creo que ahora más que nunca debemos usar la frase: "si no lo creo, no lo veo" en lugar de la desfasada "si no lo veo, no lo creo".

• •

Recuerda que en la vida no hay cosas imposibles, hay cosas improbables. Mis abuelos vivieron fascinantes avances, han visto como un teléfono puede funcionar sin cables, han visto el rostro de otra persona a través de él, aunque esté en la otra punta del mundo.

Todavía me da nostalgia recordar la felicidad de mi abuela cuando yo me encontraba en Canadá, y a través del teléfono de mi hermana, hicimos una videollamada. Esa videollamada le daba tranquilidad, ya que me veía bien, notaba en mi rostro la felicidad del momento.

Los avances son mágicos.

Si cuando mi abuela era joven, le hubiesen preguntado si este hecho sería posible, te aseguro que hubiese contestado con un rotundo no y te hubiese tomado por loco.

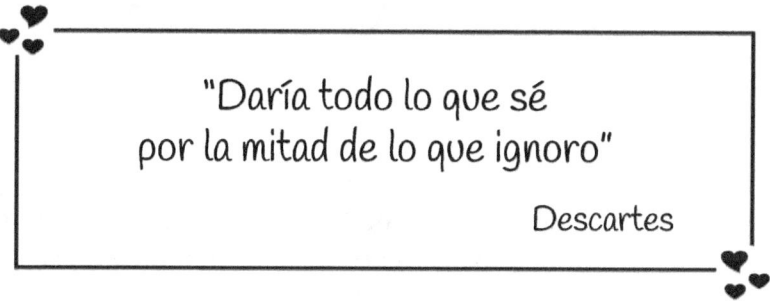

"Daría todo lo que sé por la mitad de lo que ignoro"

Descartes

Hay tantas cosas que se nos escapan de las manos...

Tu inconsciente no se cuestiona nada de lo que le dices, simplemente lo incorpora, por tanto, si le estás metiendo información errónea, puede ser que más adelante trate de sabotearte.

Los miedos que le has estado inculcando a lo largo de los años saldrán a flote. Te animo a que dejes de ir en piloto automático y elijas los pensamientos que te acompañarán durante el camino.

Muchas son las personas que conocen la Ley de la Atracción, pero pocas saben usarla bien. La aplican erróneamente y creen que no funciona.

Veámoslo con un ejemplo...

Algunas personas piensan que necesitan más dinero para saldar sus deudas, y lo que no saben es que se están enfocando en la escasez, en lugar de en la abundancia, y eso será lo que atraerán.

Aquello en lo que te enfocas,
es lo que se expande.

La forma más efectiva de que la Ley de la Atracción funcione es **visualizando que ya tienes aquello que quieres.**

Wayne Dyer, afirmaba que a pesar de lo que se te muestre en tu mundo material, si confías en que ya lo tienes y lo mantienes en tu mente el tiempo necesario, finalmente se manifestará en tu mundo físico.

Cada día sé consciente de tus pensamientos, ya que si vas en piloto automático, recibirás tan sólo lo que estás obteniendo. Necesitas una mente más consciente.

Sigamos...

Parte 6: Acción, de cero a cien

Deja que tu éxito haga ruido

A la hora de planificar, mi chip organizacional cambió completamente con la idea de Stephen Covey. Él dice que: **"Debemos empezar a hacer las cosas con el final siempre en mente"**. Esto quiere decir que cada cosa que hagamos o planifiquemos la hagamos siempre con el objetivo en mente conseguido, así no nos perseguirán esos miedos paralizantes.

> "Te convertirás en alguien tan grande como sea tu afán dominante. Si conservas una visión, un ideal noble en tu corazón, lo harás realidad"
>
> James Allen

Sin visión no podremos llegar a buen puerto, la claridad es lo que nos hace seguir adelante a pesar de las dificultades. Sin un foco bien definido, en cuanto aparezcan los primeros desafíos desistirás. <u>POR ESO ES TAN IMPORTANTE LA CLARIDAD.</u>

> "De las dificultades nacen los milagros"
>
> Jean de la Bruyere

En el libro *El Plan De Negocio De Una Página* se definen los siguientes conceptos para realizar un sueño:

- MISIÓN: tus razones fundamentales para ponerte manos a la obra.

- METAS: la línea a seguir para lograr tu misión.

- ESTRATEGIAS: los pasos concretos que darás para lograr tus metas.

En el **esquema de una página** deben aparecer:

- Visión: cómo visualizas lo que anhelas, hacia dónde te diriges, cómo será tu vida dentro de 5 años... Captura la pasión que tienes ahora.

- Misión: por qué lo haces, cuál es tu pasión, qué es lo que te mueve...

- Objetivos: qué logros debes alcanzar para tener éxito, crea una lista en términos muy específicos y marca el plazo que te das para lograrlos.

- Estrategias: qué causará que tengas éxito con el paso del tiempo.

- Planes: qué proyectos y acciones específicas emprenderás este año para lograr los objetivos propuestos.

Una vez que has creado tu plan, es momento de confiar plenamente en él y poner toda la carne en el asador.

"Si avanzas con confianza en la dirección de tus sueños y te esfuerzas por vivir la vida que has imaginado, te encontrarás con un éxito inesperado"

David Thoreau

Lista lo que haces

Me encanta la idea de hacer listas. En este caso te voy a dar la idea de hacer una lista de todas las cosas que hagas cada día (laboral y personal).

Una vez la tengas, pon:

- Un punto delante de aquellas actividades que verdaderamente te gustan.
- Una "X" en aquellas que no.

Valora si aquello que marcas con una "X" es imprescindible y debes hacerlo.

El objetivo es lograr tener más "X" que puntos.

Esta visión detallada de tus días, te hace sin duda tomar ENFOQUE y ver qué quieres seguir haciendo y qué no.

Qué y cómo

¿Quién no preferiría estar tumbado en la playa en vez de escribir unas líneas más cada día? En mi caso éste es mi sueño, y requiere de mí, tiempo y constancia si quiero acabar este maravilloso proyecto. **Con la disciplina correcta siempre se logra sobresalir.**

Dicen que hoy en día está todo inventado. Por ello, si admiras a alguien y aspiras a tener en ese ámbito unos resultados similares, puedes acortar el camino modelando su trayectoria.

> **Fíjate en qué hace, cómo lo hace, qué estrategias sigue.**

Recógelas y adáptalas a tu estilo de vida, no se trata de ser un clon sino de **tomar ejemplo.** Alguien que es productivo y está obteniendo los beneficios de ello, es un maravilloso ejemplo a seguir.

Toma ejemplo, pero <u>no seas una calcomanía del otro</u>. Adáptalo a tu estilo. No seas copia, ya hay muchas copias sueltas por el mundo.

Si naciste original… ¿por qué ibas a morir como copia?

Acaba con la piratería y pásate a la originalidad.

Si quieres ser blogger y admiras a alguien, analiza su frecuencia de publicación, los temas que trata, la estrategia que sigue en su post… <u>Tras este análisis te harás una idea de porqué tiene el éxito que tiene.</u>

El éxito es persistencia. Si alguna vez te has planteado presentarte a una suculenta oposición, entonces de seguro, te habrá pasado que al principio estabas motivado al 100%, pero con el paso de los días fuiste dejando atrás más y más el estudio.

Un día empezaste a cambiar el estudio por un café con un amigo y no le diste mucha importancia… Pero cuando ya iban tres días, una semana, dos… Te empezaste a encontrar en un bucle del que no veías salida, pues ya se había convertido en una rutina.

Entonces, te encontraste quedándote atrás, hasta que tus conocimientos se vieron superados por aquellos que sí persistieron, te adelantaron y finalmente, fueron éstos los que obtuvieron la ansiada plaza que tanto decías que deseabas.

El mecanismo que sigue el éxito es justo el contrario, si hoy tienes previstas dos horas de estudio, te decides por dos horas y media. **Cuando estos pequeños extra se suman en los días, son horas que se van acumulando y terminan formando algo grandioso.**

Ese *extra* se puede aplicar a cualquier área de tu vida:

- ¿Quieres mejorar tu apariencia física? Imagina lo que suponen tus pequeñas acciones físicas diarias a largo plazo.

- ¿Quieres la libertad financiera en veinte años? ¿Qué pequeñas acciones podrías empezar a implementar este mes?

Imagina que tienes que comerte un elefante ¿cómo lo harías? Bocado a bocado. Igual que un campeón olímpico no se crea en un mes, tus metas tampoco lo harán, necesitarás tiempo y esfuerzo.

• •

Si quieres empezar a rendir más y ser más productivo con tus horas, te aconsejo que desmenuces todas las tareas o rituales que sigas a diario.

• •

Después, analiza cómo podrías aprovechar mejor los tiempos entre actividades o durante las mismas. Y cuando tengas un plan trazado... ¡EJECÚTALO!

¿Te gusta escuchar conferencias TEDx pero te consumen mucho tiempo? Hazlo mientras haces la colada, te duchas o conduces de camino al trabajo. **Analiza dónde puedes implementar cambios.** Siempre existe una manera.

Puede parecer abrumadora la cantidad de tareas rutinarias que *son necesarias* y que *debes hacer* cada día. Estas tareas son como las normas de circulación que hay que respetar para que no se vuelva todo un caos: semáforos, límites de velocidad, carriles....

Así que, mejor organiza con eficiencia todas tus tareas, **móntatelo bien y haz que sean más entretenidas.**

La flecha de la acción

Empieza a moverte como una flecha. Si te fijas, cuando la flecha tiene su objetivo claro, sólo se mueve en una dirección, nada la frena una vez puesta en marcha. Va hacia delante siempre de forma inexorable.

Dirígete hacia tus objetivos como si fueras una flecha.

Con las adversidades de la vida pasa lo mismo que le pasa a una flecha. Al principio te harán desplazarte en dirección contraria a tu objetivo, hacia atrás. **Los desafíos de tu vida tienes que verlos como ese propulsor que te aporta una gran velocidad de lanzamiento.**

La vida nos regala lecciones envueltas en desafíos, que nos hacen grandes guerreros ante las futuras batallas.

Cuando tienes un problema rondándote por la cabeza, éste se asemeja al símil de tener una piedrecita muy pequeña en el zapato. Es pequeña, pero, dios mío, como molesta. La podremos mover y desplazar dentro del zapato de una parte a otra, donde durante un tiempo no nos moleste. Pero con el paso de los minutos, la piedrecita se volverá a descolocar y empezará a hacernos daño de nuevo.

Sólo nos queda tomar la decisión de:

1. Nos paramos y nos quitamos el zapato para quitar la piedrecita.
2. Seguimos lastimándonos con ella, recordándonos que existe, y caminamos con incomodidad hasta que decidamos librarnos de ella.

¿Qué has decidido hacer con los problemas que te rondan por la cabeza? No sigas cargando con ellos o acabarás lleno de heridas.

Elecciones que cambian el rumbo de tu vida

Te voy a contar una historia real que me contaron, en la que verás cómo una simple decisión puede cambiar el rumbo de tu vida.

Una mañana más, una mujer fue a trabajar a su oficina. Estando en la oficina, su compañera le empezó a insistir para que ambas saliesen a fumar, a lo que la protagonista se negó. Era muy temprano, las nueve de la mañana, pero la compañera no desistió en la insistencia de la salida de ambas a fumar.

Al final la protagonista accede, bajan en el ascensor desde el piso 67, y cuando llegan al hall, se quedan estupefactas con lo que ven, todo el mundo está parado mirando al cielo.

Se asoman fuera del edificio y ven que no dejan de caer trocitos de periódico y cenizas del cielo.

> Levantan la vista y ven el edificio de enfrente en llamas.
>
> De repente, mientras están con la mirada elevada, ven como un avión se aproxima y se estrella contra el edificio en el que estaban ellas. Se estrelló exactamente donde unos pocos minutos antes, ellas estaban.
>
> Un 11 de Septiembre del año 2001, una simple decisión, les cambio la vida.

Las decisiones son curiosas, no sabes dónde te pueden llevar. A pesar de que nunca sabremos cuando una mera decisión podría cambiar toda nuestra vida, vamos a tratar de escoger las mejores decisiones para al menos orientar nuestra vida hacia dónde nos gustaría llevarla.

Y para orientar una vida no hay nada mejor que tener claros los valores personales. ¿Tienes claros tus valores? ¿A qué le das más importancia en tu día a día?

> Escribe una lista de valores, tu lista de valores. Selecciona 3 valores que guíen tu vida en este instante:
>
> | Salud | Diversión | Control |
> |---|---|---|
> | Amor | Aventura | Compromiso |
> | Felicidad | Familia | Seguridad |
> | Libertad | Amistad | Espiritualidad |

La lista se puede continuar añadiendo aquellos que te definan.

"Todos los seres humanos somos iguales y capaces de todo. Tú puedes ser quien quieras si te lo propones"

Condor McGregor

Al final todos somos bastante parecidos y tenemos las mismas tres cosas típicas que nos hacen felices: <u>familia, salud y amigos</u>. Y ninguna de ellas es material.

Mientras unas personas se refugian en lo material para sentirse con poder (coches, relojes, ropa elegante...), otros pocos se han dado cuenta de que el **verdadero poder reside en el conocimiento** y hacen todo lo posible por adquirirlo.

Cambiar lo que va mal

Podemos cambiar cualquier situación, hasta la más complicada, simplemente cambiando nuestro foco de atención.

Busca cuál es tu mejor versión, cuál ha sido tu mejor momento...y accede a él.

Recuerda cómo eres cuando estás en tu mejor momento.

Cuando tenemos problemas, pasamos a tratarlos como a esos angustiosos problemas de matemáticas del colegio que teníamos que resolver.

Los problemas los vemos como algo súper negativo, y nos hacemos preguntas como: ¿qué *he hecho yo para merecer esto*?, ¿por qué no soy capaz de lograr mi objetivo?

Y ahí es donde empiezan los pensamientos negativos, que son adictivos y no te dejan centrarte en arreglar el problema. Y así no hay cambio.

Trata a los problemas como si fuesen desafíos, convierte el problema en un acertijo o un reto. Obsérvalos como una prueba que te hará avanzar. Sólo así tendrás ganas de dar el primer paso y cambiar tu manera de enfrentarte a la vida.

• •

Quejarte sólo te restará energía, no tendrás combustible para llegar al destino. Genera más gasolina, más motivación.

• •

Si no tienes en estos momentos la capacidad de superar el desafío, sí que tienes la potencialidad de aprender cómo hacerlo.

Lo que no tienes en estos momentos, lo puedes crear.

Marva Collins ya nos decía **que somos nosotros mismos los que tenemos que enfrentarnos al desafío… no va a venir la ayuda en camino.**

Ya sabemos que no va a venir un *Superman* a ayudarnos cuando lo necesitemos. Ojalá fuese tan sencillo… Quizá, aún no sepas cuál es la capacidad que necesitas desarrollar para avanzar en tu desafío. Pero si sigues dando pasos, te aseguro llegarás a encontrarla.

Sigue haciendo cosas para avanzar, toma acción masiva. Porque <u>si sólo te quedas en la imaginación y en el pensar, no llegarás a ningún sitio.</u>

Piensa lo siguiente:

- ♥ Imagina que tu objetivo es lucir unos buenos pectorales.

- ♥ Piénsalo.

- ♥ Yo sé como lograrlos y te voy a dar un curso de un año de cómo se pueden lograr, qué alimentos tendrás que comer, qué ejercicios te pueden venir bien según tu alimentación, te plantearé un buen plan de entrenamiento…

- ♥ ¿Cómo crees que estarás dentro de un año? ¿Tendrás o no esos pectorales?

- ❤ Lo más probable es que no. Sólo te he hablado de la teoría, y la habrás podido aprender muy bien, pero sin la práctica de nada te servirá la maravillosa teoría.

Descubre el poder de los hábitos

No te voy a decir que cambiar un hábito sea fácil, para nada, es más, es complicado porque ya está integrado incluso a nivel celular. Por eso, te voy a apoyar y te voy a ir dando claves.

Hasta que no empieces a creerte mucho más de lo que eres no crearás rutas cerebrales que hasta ahora o no existían, o permanecían cerradas.

"Pon todo lo que eres
en lo mínimo que hagas"

Frenando Pessoa

> **Tómate unos minutos, siéntate en una mesa con un folio en blanco y un bolígrafo. Anota qué es lo que quieres cambiar en tu vida y a dónde quieres llegar.**

Apuesta a lo grande.

¿Qué cambiarías radicalmente en tu vida para sentirte más feliz?

¿Eres muy tímido y te gustaría dejar de serlo?

¿Quieres ser más extrovertido para alcanzar ciertas cosas?

Traza un plan, analiza qué hace que te comportes así, apúntate a seminarios de oratoria, ten un mentor que te ayude y pregúntale desde la humildad…

Para cambiar esos viejos hábitos que tan poco te han aportado deberás encontrar un <u>gran motivo</u>, no un ideal bonito o algo que te guste ver en los demás. ¡No! Encuentra <u>TU MOTIVO</u>. Algo que te remueva lo más profundo de tu ser, un gran porqué que te haga permanecer todo el tiempo dentro del proceso.

Ese motivo lo puedes encontrar a través de un **momento eureka**, una película, una conversación interesante, una conferencia... Pero **debe ser algo que te rechine, que te haga sentir que si no lo haces, vas a perder mucho más.** Cuando ya tengas tu motivo, ejecutarás un plan.

Realiza un plan básico que te permita realizarlo sin romperte mucho la cabeza.

Durante la ejecución del plan aprenderás cosas nuevas que se pueden ir adaptando o cambiando del plan inicial. Luego, no hay que esperar a tener un plan de 10 para empezar. **Empiezas y luego ya vas perfilando.**

En realidad para lo que necesitas el plan es para empezar. **Ya que si no tienes un plan, aunque sea malo, te quedarás bloqueado y nunca empezarás.** Te servirá para creer que existe un camino por el que podrás andar, te aportará esa luz que necesitas en la oscuridad de esos comienzos.

> Cortar por lo sano es fundamental y en el cambio de hábitos también lo es. Imagina un árbol que tiene una de sus ramas podrida o llena de insectos. Si no cortas esa rama al final el árbol se infectará y morirá.

Lo mismo ocurre con esas actividades del día a día que te van robando energía, vitalidad y te dejan sin ganas de hacer nada. <u>Esas actividades son las ramas infectadas que ten-</u>

drás que cortar. El cambio de unas actividades por otras equivaldría a un **insecticida**.

"Mucha gente, especialmente la ignorante, desea castigarte por decir la verdad, por ser tú. Nunca te disculpes por ser correcto, o por estar años por delante de tu tiempo. Si estás en lo cierto y lo sabes, que hable tu razón. Incluso si eres una minoría de uno solo, la verdad sigue siendo la verdad"

Mahatma Gandhi

Una vez tengas buenas intenciones y quieras implementar buenos hábitos en tu vida, la pregunta es:

¿Cómo empiezo?

Te voy a dar 2 ideas acerca de cómo yo lo he logrado. Escoge aquella que más se adecúe a ti.

Vamos con ellas...

- Un detonante o un hábito ya incorporado

    Esta es mi favorita. Observa cuáles son los hábitos que haces a diario e incorpora junto a uno de ellos un nuevo hábito. Por ejemplo, todos los días tras comer, voy a leer 15 páginas de un libro. Tras volver del trabajo, voy a meditar 15 minutos.

- Crear un horario para ellos:

    Los martes y los jueves antes de dormir veré una película o videos en inglés para mejorar mi pronunciación.

Es un espacio de tiempo creado precisamente para ellos.

Depende de la bibliografía que leas, encontrarás que **un hábito tarda en incorporarse alrededor de 66 días,** aunque va a depender bastante de la persona y de la acción a incorporar. Ya sabes lo que digo: ¿cuánto tiempo es el que tenemos que esperar hasta lograr algo? El que sea necesario.

¿Los hábitos son fáciles de mantener en el tiempo? No, no lo son. Exigen un sacrificio por tu parte que has de estar dispuesto a pagar cuando la motivación salga corriendo por la puerta de atrás.

Todo tiene un precio, pero si merece la pena, ¿qué más da lo que cueste? Parir un hijo, le exige mucho sacrificio a una madre, pero le vale la pena.

Lo que más te cueste,
será lo más valioso que consigas.

Pensemos aún más grande, ya que nos lanzamos, lacémonos de cabeza.

- ♥ Piensa en un sueño inalcanzable para ti, pero que te gustaría lograr algún día.

- ♥ ¿Lo tienes? Apúntalo.

- ♥ Ahora vamos a hacer de lo IMPOSIBLE algo POSIBLE. Escribe 10 formas de alcanzarlo. Estruja tu mente hasta exprimirla.

- ♥ Ahora que ya las tienes, te has convertido en un CREADOR DE SOLUCIONES. De esas 10 quédate con tan sólo las 3 que te resulten más factibles. Anota una fecha para llevarlas a la práctica.

- ♥ Y chin pum: DE LO IMPOSIBLE A LO POSIBLE. Ahí lo tienes.

Las personas que son creativas trabajan para salirse de la mediocridad y acercarse a la genialidad.

> "Los días más importantes de tu vida son el día que naces y el día que descubres por qué"
>
> Mark Twain

Muchas personas piensan que sólo tienen un gran propósito aquellos famosos que están bajo las cámaras y los focos. Estas personas aún no se han dado cuenta de que el propósito va más allá de a las personas a las que impactas con tu mensaje o idea.

<u>Propósito no es sólo aquello que haces, sino el sentido que le das a lo que haces.</u> Un ejemplo y dos formas de ver un trabajo:

1. Puedes ser panadera e ir a trabajar cada mañana en piloto automático. Estar en tu horario y a tu hora, irte sin más.
2. Puedes ser panadera y dedicarte a hacer los mejores y más deliciosos pasteles y panes cada mañana, para que tus clientes puedan deleitarse con ellos.

Las dos están bien, no hay una mejor, ni peor. Ambas personas cumplen sus horarios y para lo que se les paga. Pero la segunda persona pasa sus horas de una manera más plena, tiene un porqué.

El sentido que le des a tu trabajo, lo cambia todo.

No hay trabajos mejores que otros, hay trabajos diferentes, y todos son importantes para que el mundo funcione. Por tanto, no te fijes sólo en médico que salvó una vida. Fíjate en el conductor de autobús que cada mañana recibe con una sonrisa a cientos de pasajeros. Fíjate en el barrendero que mantiene tu calle limpia de basura cada día. Fíjate en el carnicero que te prepara la carne con esmero y te pregunta si te recuperaste del catarro de la semana pasada. Cualquier trabajo aporta algo al mundo. Dime un trabajo y te diré un aporte.

Los trabajos cumplen la función de servir a alguien más. Por eso, estés en el que estés, tienes mucho que aportar. Pero, la magia sólo ocurrirá si te das cuenta de ello.

Un propósito hace que te emociones profundamente haciendo lo que haces.

• •

Decide cómo jugar las cartas que te han sido repartidas. En las situaciones más adversas es donde tienes que demostrar tu valía.

• •

Si hoy tienes una adversidad, agradécela, pues te estará llevando a algo más grande. Los elegidos para hacer algo más grande, se están preparando en este momento. No existen héroes, sino personas que se preparan y se superan.

Y tú, ¿te estás preparando?

No quiero decir que para lograr grandes cosas sea obligatorio pasar por situaciones desastrosas, pero sí, que si las estás pasando y eres lo suficientemente fuerte como para salir de ellas, vas a llegar bien lejos.

Efecto pigmalión

El Efecto Pigmalión se refiere a la influencia que ejercen las expectativas de otras personas sobre nosotros a la hora de actuar.

Por eso, en unos libros encontrarás que se recomienda no contar a nadie sobre el nuevo proyecto que vas a emprender, y en cambio otros libros te dirán que sí, que lo cuentes. Ambos están bien. Es probable que te preguntes por qué.

Sencillo.

Si tienes un entorno que tiende a apoyarte y a animarte con todo lo que emprendes, adelante, aquí será una buena idea contarlo, pues el Efecto Pigmalión será positivo.

Pero si tu entorno es más bien negativo, mejor espera a contarlo, o podrás tener un Efecto Pigmalión negativo. Ya que <u>cuando se empieza un nuevo proyecto lo más normal es que se camine sobre arenas movedizas</u>, y cargar con el peso de las opiniones, precauciones y críticas ajenas nos hundirá en el fango más y más con cada paso que demos.

"¿Cómo podrías renacer sin antes haber quedado reducido a ceniza?"

Friedrich Nietzsche

Con delicadeza y mimo haz crecer la semilla de tus sueños. Y da testimonio al mundo con tus resultados.

"No juzgues cada día por la cosecha que recoges, sino por las semillas que plantas"

Robert Louis Stevenson

> ¿Conoces el mito griego de Pigmalión?
>
> Pigmalión era un rey, que buscaba una mujer con la que casarse, pero no una cualquiera, él buscaba una muy especial.
>
> Harto de buscar y buscar, decidió dedicar su tiempo a crear bellas esculturas. Una de esas esculturas, fue una mujer preciosa a la que llamó Galatea. Pigmalión estaba tan enamorado de Galatea, que le hablaba como si fuese real.
>
> Una noche soñó que Galatea se convertía en una mujer real. La diosa Afrodita quedó tan conmovida por la pasión desbordante de Pigmalión, que decidió hacer real a Galatea.
>
> Así fue como Galatea cobró vida y se convirtió en una mujer real.

De ahí surge el Efecto Pigmalión. Pigmalión puso todas sus expectativas sobre Galatea. Y ésta acabó haciéndose realidad.

El **Efecto Pigmalion** se demostró en un experimento que se hizo con niños. A estos niños se les hizo un examen. Una vez hecho, los investigadores les dijeron a sus profesores que la mitad de los alumnos eran alumnos promedio y la otra mitad eran prodigios.

Cuando terminó el año escolar se hizo el mismo examen a los niños. Y asombrosamente, los niños a los que los profesores se les dijo que eran prodigios resultaron ser de sobresaliente.

Se sembró la idea de niños prodigio y promedio; y los profesores los trataron como tal, a pesar de que ambos grupos eran homogéneos.

De esto, extraemos que si te tratas como si pudieras alcanzar todo lo que deseas, acabarás sacando a relucir todo tu máximo potencial.

• •

> Jim Rohn, dice que somos el promedio de las cinco personas con las que nos relacionamos. Mira tu entorno y dite si esas cinco personas te auguran un futuro maravilloso.

• •

Busca estar con personas que te inspiren la mayor parte del tiempo. Presta atención a la gente con la que decides asociarte, con tu pareja y amigos; una parte de ellos está ahora en ti.

Puede ser que leas todo esto del cambio y digas, bueno yo tampoco tengo que cambiar tanto. Veamos si estás en modo: letargo.

Existen **dos tipos de personas:**

- ♥ Las que se pasan la tarde <u>viendo</u> la televisión y las redes sociales.

- ♥ Las que <u>hacen</u> algo lo suficiente interesante como <u>para salir</u> en los medios, que están viendo las del primer grupo.

Te voy a dejar unas sencillas y reveladoras preguntas para descubrir cuánta vidilla hay en tus días.

¿Estás preparado?

Agárrate porque vienen curvas...

- ♥ ¿Cuántos libros terremoto (revolucionarios) has leído en el último mes?

- ♥ ¿Has hecho algún viaje de los increíbles o de los que estaban en tu lista de sueños?

- ♥ ¿Cuándo fue la última vez que asumiste un riesgo?

- ♥ ¿Con qué objetivo personal estás comprometido en este momento?

- ♥ ¿Cuántas personas nuevas que te hayan hecho superarte has conocido este último año?

- ♥ ¿Has superado desafíos profesionales en los últimos seis meses?

- ¿Estás contento con tus ingresos?

- ¿Estás contento con tus ahorros?

Si al menos, existe una respuesta con la que no estés muy satisfecho, deberás atacarla y ponerle solución de inmediato.

"Un hombre que se permite malgastar una hora de su tiempo no ha descubierto el valor de la vida"

— Charles Darwin

Si de verdad quieres ver lo rápido que pasa el tiempo, te pondré una comparación para que lo veas más claro. Con una comparativa podrás ver todo aún más claro, sobretodo si estás en un trabajo que no te satisface.

Imagina que tienes un trabajo de ocho horas, ¿sabías que el tiempo que pasas en ese trabajo es el tiempo equivalente a ver cuatro películas?

Cuatro películas.

Increíble, ¿verdad?

El tiempo que tienes es limitado, **ni el hombre más rico de la Tierra puede permitirse comprar ni un minuto más.** Aprecia tu bien más valioso.

Te voy a contar una historia que he escuchado en repetidas ocasiones y que a día de hoy, me sigue inspirando ...

Había un joven que quería ganar mucho dinero, así que se fue a buscar a un sabio. Cuando lo encontró le dijo...

-Quiero estar en el mismo nivel en el que tú estás. -Dijo el joven.

-Si quieres estar en el mismo nivel que yo, nos vemos mañana a las 4 de la madrugada en la playa. -Le respondió el sabio.

El joven, sorprendido, le dijo:

-¿En la playa? Le dije que quería ganar dinero. No que quisiera ir a bañarme.

-Si quieres ganar dinero, te espero mañana a las 4.- Insistió el anciano.

El joven apareció a las 4 de la mañana. Ambos se encontraron en la orilla.

-¿Cuánto de exitoso anhelas ser? -Preguntó el sabio.

-Más que nada en el mundo. -Dijo el joven.

-Camina hacia el agua. -Ordenó el sabio.

Y obediente el joven se metió hasta que el agua le llegaba por la cintura. Entonces el sabio dijo:

-Ve un poco más lejos.

Él caminó un poco más lejos hasta que el agua le llegó a los hombros. Mientras, el joven se decía: *Este viejo está loco. ¿qué tendrá que ver este juego con el éxito?* El sabio le dijo de nuevo:

-Ve un poco más lejos.

El agua ahora le llegaba por la boca. Finalmente, el joven ya cansado de juegos le dijo:

-Yo me voy de aquí.

-Pensé que querías ser exitoso. -Sentenció el sabio.

-Sí, sí que quiero.

-Pues ven aquí. -Ordenó el sabio.

Él se acercó y el sabio le cogió por la cabeza y lo sumergió en el agua. El joven empezó a moverse sin parar intentando respirar y poco antes de que se desmayara el anciano le dejó respirar. El sabio le dijo:

-Tengo una última pregunta para ti. Cuando estabas bajo el agua, ¿qué querías hacer?

-Respirar. -Dijo el joven.

-Pues cuando quieras ser exitoso, tanto como querías respirar, entonces tendrás éxito.

Cuando te quieras aventurar a un proyecto, necesitarás tener claro cuánto lo deseas y si estás dispuesto a luchar por él. Los desafíos siempre llegan y <u>a menos que estés dis-</u>

puesto a pagar el precio es mejor no lanzarse. Sólo cuando estés dispuesto a todo, lánzate, de lo contrario estarás perdiendo tu bien más preciado, tu tiempo.

Tiempo de calidad

"Se necesitan dos años para aprender a hablar y sesenta para aprender a callar"

Ernest Hemingway

Una de las cosas que crea lazos profundos entre las personas es la escucha activa. Escuchar al otro cuando nos habla. Muchos apenas prestan atención a lo que les dicen, no escuchan, sólo oyen.

Valora aquello que te quieren decir, ten la humildad de pararte a escuchar con todos tus sentidos.

• •

La mayoría cuando alguien habla, está desarrollando en su mente el discurso que va a dar cuando el otro acabe de hablar.

• •

Te propongo que la próxima vez que alguien mantenga contigo una conversación, le valores y le escuches con todos tus sentidos. Observa sus gestos, el tono de su voz, su posición corporal... ¿Qué te transmite?

Pensamiento positivo vs negativo

"Podrán cortar todas las flores. Pero no podrán detener la primavera"

Pablo Neruda

Hay momentos de la vida en los que te sientes desesperado y sin fuerzas. **En el momento en el que sientes que más bajo no podrías haber caído, es donde te darás cuenta de si eres lo suficientemente valiente como para salir ahí arriba.**

"Un héroe no es más valiente que cualquier otra persona, solamente es valiente cinco minutos más"

Ralph Waldo Emerson

Hay universidades que ya se han puesto a estudiar el pensamiento positivo. Déjame decirte que no es algo exclusivo del mundo espiritual.

El pensamiento positivo ha asentado sus bases en la ciencia. Barbara L. Frerickson de la Universidad de Michigan en uno de sus estudios, nos dice que **cuando nos enfrentamos a las situaciones con pensamientos y emociones positivas, el cerebro es capaz de ver con miras más amplias las posibles opciones, y encontrar más y mejores soluciones.**

Mientras, el panorama cambia por completo cuando tenemos pensamientos y emociones negativas. El cerebro aquí exclusivamente se enfoca en el problema que tiene delante, se bloquea y le cuesta más encontrar soluciones.

> Seguro que alguna vez has conducido una mañana de invierno en la que sólo había niebla y daba miedo conducir, pues no veías el camino con facilidad. Temías incluso chocarte con algo porque avanzabas despacio y con poca claridad. A pesar de eso, tenías que llegar a un destino y debías seguir adelante a pesar del temor. Hasta que al fin, al cabo de llevar un rato avanzando, el camino clareaba y ya podías conducir con confianza.

Enfrenta tus desafíos igual, con un primer paso. Los primeros pasos siempre empiezan con miedo, pues sólo ves la niebla que no te deja ver más allá de dos metros. Te sientes atrapado.

"La mayoría de veces lo que tememos que hacer es lo que más necesitamos hacer"

Ralph Waldo Emerson

Pero con el tiempo te atreves a dar otro paso, y luego otro, y al cabo de un rato, la niebla va desapareciendo y te deja ver el camino con más facilidad.

• •

Hasta que no llegaste cerca del fin de la niebla, no te diste cuenta de que la niebla sería sólo temporal y que no duraría todo el viaje.

• •

Existe una fábula acerca del pensamiento...

Cuentan que un padre tenía a dos hijos gemelos a los que amaba profundamente. Los gemelos eran muy distintos, se podría decir que eran la noche y el día. Uno de ellos era tremendamente positivo, mientras que el otro era terriblemente pesimista.

El padre quería hacerles a ambos un regalo cuando cumpliesen su mayoría de edad, para ello ideó un plan. Para que sus estados de ánimo se compensaran, al pesimista le regalaría algo extraordinario y al optimista algo horrible.

El día que cumplieron la mayoría de edad, ambos hermanos salieron a descubrir sus regalos.

El hermano pesimista rompió a llorar cuando descubrió una moto preciosa. Molesto le dijo a su padre: *"tú lo que quieres es que me mate con ella."*

Tras esto, el hermano optimista descubrió su regalo. Su regalo era un excremento gigante. Pronto empezó a alegrarse y a dar saltos de alegría.

El pesimista le preguntó: *"¿de qué te alegras idiota?"* El hermano le contestó: *"de que si este excremento está aquí, es que enseguida vendrá mi caballo".*

Falla en lo pequeño con frecuencia

Si te apuntas a clases de baile, de tenis, de teatro... te acostumbrarás a equivocarte en pequeñas cosas, cosas que irás mejorando con la técnica y el tiempo. Poco a poco te darás cuenta que te costará menos arriesgarte en cosas más importantes.

> "Experiencia es el nombre que damos a nuestras equivocaciones"
>
> Oscar Wilde

Tu (falsa) zona de confort está determinada por las conexiones y caminos que ya tienes formados en tu cerebro. **Si una parte de tu vida no funciona bien, será porque las conexiones que hay creadas no son las adecuadas.** Deberás poner todo tu empeño en crear nuevas conexiones, a través de los nuevos hábitos que incorpores.

Imagina que te encuentras en un bosque, y en él ya existe un sendero creado. Por este sendero pasan las personas con gran facilidad, el sendero representa las conexiones que tienes ya creadas.

Pero tú decides, a pesar de existir un camino marcado, <u>crear un nuevo sendero para hacer un recorrido más placentero</u>: pasarías por un hermoso río, verías plantas más bonitas, caminarías por debajo de cientos de árboles frondosos que te proporcionarían la sombra necesaria en los días más calurosos...

Las primeras veces que pases por ese camino te requerirán mucho tiempo y esfuerzo, pues tendrás que abrirte paso entre arbustos e ir allanando el camino con tus pisadas.

Con el tiempo ese camino será más transitable, más rápido y fácil de recorrer.

• •

Lo mismo ocurre con las nuevas conexiones mentales que estás creando a través de los nuevos hábitos que estás incorporando.

• •

El cerebro **cambia por repetición**. Para poder modificar las conexiones es importante que repitas ese nuevo hábito tantas veces como sea necesario.

Para mantener en el tiempo ese hábito, deberás creer que es algo bueno para ti. Pongamos un ejemplo:

- ❤ Comer saludable.

Deberás bombardear tu mente con la idea de que comer saludable es lo mejor para ti, a través, de:

- ❤ Lectura de libros.
- ❤ Ver videos.
- ❤ Asistir a seminarios nutricionales.
- ❤ Ver documentales de alimentación.

- Empezar sesiones con un nutricionista.

- Unirte a grupos de personas saludables en las redes.

En cuanto a la alimentación, me gustaría contarte algo relevante que aprendí.

¿Quieres conocerlo?

Sigue leyendo...

Las personas más longevas de Japón practican el Hara hachi. Esto consiste en dejar de comer antes de sentirte saciado.

Seguir esta pauta hará que tu cuerpo no tenga que gastar más energía en aquello de la necesaria en la digestión, te permitirá enfocar esa energía en aquello que desees hacer.

Sigue leyendo porque hay más por descubrir...

Parte 7: Despega como un cohete

Superar el rechazo

Supera las críticas destructivas...

Existen dos tipos de críticas:

- ♥ Criticas constructivas: se hacen desde el amor y su propósito es ayudar al otro a mejorar. Se dan opciones de cómo llevar a cabo la mejora de eso que se critica.

- ♥ Criticas destructivas: se hacen desde el miedo. No aportan nada, no se dan soluciones, sólo pretenden quitar la ilusión.

Tener miedo al rechazo es normal, tan normal como no gustar a todo el mundo. Somos siete mil millones de personas en el planeta, así que imagina cuantas opiniones distintas puedes encontrar.

> Preocuparte por las opiniones de todo el mundo es igual de absurdo que querer hablar todas las lenguas del planeta.

A ninguna persona nos gusta que nos hagan una crítica y más si hablamos de personas a las que estimamos enormemente. Pues se nos empiezan a activar las alarmas de un posible rechazo social.

> Dejarse llevar por las críticas es como poner clavos delante de la rueda de tu coche. A poco que empieces a avanzar, te romperás.

Ese miedo es una programación que la mayoría llevamos dentro. Deberás reconocerla porque de esta manera, conseguirás mantener a raya tu autoestima y harás que las críticas no te paralicen cuando quieras tomar acción en algo.

¿Sabías que al actor Robin Williams le dijeron que no era apto para la actuación?

Las críticas duelen y a veces pueden llegar a ser difíciles de encajar. Para ello, te voy a proporcionar una serie de herramientas para que puedas superar las críticas sin sufrir.

Claves para encajar las críticas destructivas:

♥ Son inevitables

Piensa que las críticas siempre van a estar ahí, no existe una forma de retirarlas de tu vida, es algo que hay que asumir cuanto antes. Te las harán a ti y me las harán a mí, nos las harán a todos.

De seguro en tu vida tienes a personas a las que las cosas que haces les parecen maravillosas, pero por otro lado también te encontrarás personas a las que esas mismas acciones que haces les parecen una estupidez y un sinsentido.

Acepta que ni vamos a gustar a todos, ni todos nos van a despreciar. El equilibrio siempre ha estado y estará en el medio.

♥ La crítica habla más del otro que de ti

La crítica habla del que critica. Dice mucho acerca de sus creencias, preferencias, su forma de ver la vida, sus estereotipos... No es una opinión ecuánime del resto de la humanidad, es una simple opinión generada en base a su experiencia, nada más.

♥ Inferioridad disfrazada

Algunas personas te harán críticas para sentirse más importantes que tú. Pero detrás de sus críticas destructivas hay una necesidad de ser visto y ser tenido en cuenta.

♥ Si te duele muchísimo lo que te han dicho...

Cuando esto ocurra, debes detenerte y analizar si lo que te han dicho de alguna manera crees que es verdad y por eso te duele tanto. Cuando algo te afecta es porque crees que eso que te han dicho puede estar en ti.

A veces, eso que te han dicho es una parte de ti que has tratado de esconder, el otro ha sacado a la luz y por eso te duele tanto.

Aprovecha la situación para detenerte y analizar ese rasgo que necesitas trabajar, trabájalo y no dejes que vuelva.

Haz que no te vuelva a hacer daño.

> Cuando interactúes con una persona no olvides, que saldrá aquello que albergue en su interior, no puede ser de otra manera.
>
> ¿Tiene amor? ⇒ Saldrá amor.
>
> ¿Alberga odio? ⇒ Saldrán de ella conductas destructivas.
>
> De una naranja no puede salir jugo de limón, sólo jugo de naranja.

No dejes de contribuir

Las personas suelen criticarte o rechazarte porque a ellos también se lo hicieron. **Reflejamos lo que llevamos dentro** y eso es lo que proyectamos al mundo.

> Tus acciones les suelen recordar lo que ellos también podrían estar haciendo y no hacen.

Cuando actúas cambiando y mejorando tu vida, de alguna manera les sacas de su zona de confort. **Algunos estarán deseando que fracases para decirse a sí mismos: *bien, yo tenía razón quedándome donde estaba, sin hacer nada.***

Todos tenemos algo que aportar a la sociedad, siempre hay algo en lo que podemos servir. No importa en que área lo hagas, es más **a lo largo de tu vida puede que cambies el vehículo con el que contribuyas al mundo.** Puede que cuando seas joven ayudes a alguien con las matemáticas porque se te dan bien, más adelante contribuyas en un comedor social y de adulto te dediques a ayudar a personas que sufren depresión...

Lo único importante es que servir sea tu objetivo primordial. Todos merecemos encontrar un trabajo que nos satisfaga.

Todas las personas buscamos que nos resuelvan un problema concreto. Si llegas tú y dices: *tu problema se puede resolver, yo sé cómo, tengo el método y te lo ofrezco*. Ésa persona te estará eternamente agradecida, pues es lo que buscaba y pagará el precio que sea necesario por ello.

Ni tan tierno, ni tan duro...

"Si ya sabes lo que tienes que hacer y no lo haces: estás peor que antes"

Confucio

¿Te has fijado que en las redes sociales las personas son mucho más intensas y machacan más a otros de lo que lo harían cara a cara?

Hay quien atribuye esto a que es porque se esconden detrás de una pantalla, nadie les ve y aprovechan para sacar todo lo que llevan dentro.

La escritora y filósofa Elsa Punset, acerca de esto da un nuevo punto de vista. Señala que **decimos cosas terribles porque cuando no estamos enfrente del otro, no le estamos viendo la cara, ni sus reacciones, por tanto, no generamos empatía** con él. No nos une la empatía (percibir y comprender la experiencia de la otra persona).

Debemos aprender a controlar los impulsos, ejercer más como seres humanos y menos como animales.

Aprende a ver la parte positiva de los demás y sé compasivo con el otro tanto como puedas. ¡Ojo! **Ser amable no es ser débil, ni tonto. Ser buena persona no implica que dejes de ser valiente y luchador cuando las circunstancias te lo requieran.**

"Prefiero ser odiado por lo que soy que amado por lo que no soy"

Wayne Dyer

Debemos lograr un equilibrio entre ser una persona tierna y dura, entre alguien amistoso y alguien firme con sus decisiones.

Los que dominan la inteligencia emocional consiguen ser justos, hacer lo más apropiado en cada circunstancia y gracias a ello, obtienen buenos resultados.

Lo apropiado no es lo popular o lo aclamado, a veces, puede ser justo todo lo opuesto.

A veces, tendrás que tomar decisiones difíciles y hablar con franqueza a personas que aprecias. Pero se trata de eso, de ser alguien excelente y auténtico. No de caer bien a todos, ya que eso es imposible.

Las personas que son fieles a sus valores y han persistido con ellos, a veces incluso sin el apoyo del entorno; son aquellas que **han cogido las piedras que sus críticos les han tirado y con ellas se han creado su castillo.**

Dejar de hacer por miedo al rechazo

Te insto a que no dejes de hacer algo por miedo al rechazo. El rechazo no significa absolutamente nada, puesto que eso que buscabas, **antes no lo tenías y ahora sigues sin tenerlo.** Por tanto, **no has perdido nada, estás igual.**

¿Lo habías visto alguna vez de esta forma?

Imagina que vas a la búsqueda de un trabajo y en la entrevista te rechazan; puedes sentirte mal por un instante, pero después deberás cambiar tus pensamientos. Antes ese trabajo no era tuyo y ahora sigue sin serlo, estás igual que estabas, ni has perdido, ni has ganado. Has probado a tenerlo, has optado a ello. Y te aseguro que una de las veces en las que pruebes, obtendrás eso que aún no tienes.

Deja de estar tan preocupado por los resultados. Te diré algo muy importante y es que las cosas por **las que te preocupas nunca acaban ocurriendo.** En cambio, **las cosas realmente preocupantes**, como la muerte de un familiar o un accidente, **ocurren de forma inesperada, no las esperas, es más ni siquiera las habías barajado.**

Hazlo a pesar de lo que opinen

Los obstáculos son el camino...

Hay personas que empiezan su historia de éxito desde la más absoluta pobreza, soledad o tristeza. Reflexiona sobre tu situación. Revisa si tienes más herramientas que puedan ayudarte de las que no te habías dado cuenta: amigos, habilidades, familia, acceso a información, capacidades... Los problemas pueden impulsarte a dar un cambio importante en tu vida.

Desde el punto más bajo, sólo se puede subir.

Te tienes a ti mismo, alguien que jamás te abandonará. Todo lo que haces, vale muchísimo la pena. **Jamás te menosprecies.** No importa si tienes una deuda que saldar, aunque sean 50.000 dólares, tú puedes generar ese dinero y subsanarla. Puedes hacer nuevas amistades si las que tienes no te suman. No importa cual sea tu situación actual, **todo saldrá bien.** La vida es un cambio continuo.

Tú tienes el poder, no te límites en base a lo conseguido en tu historia pasada.

"Desde un punto de vista egoísta, mejórate a ti mismo es mucho más provechoso que intentar mejorar a los demás"

Dale Carnegie

Pon tu cerebro a trabajar en la búsqueda de soluciones. Aunque no tengas ni un billete en tu cartera, busca como adquirir los conocimientos o habilidades para empezar a tenerlos.

Si te organizas, encontrarás el tiempo para conseguir tus sueños. **No te destines a fracasar una y otra vez con frases negativas que sólo te restan energía.** Busca dentro de ti qué puedes hacer hoy, qué te haga llegar donde quieres estar en unos años. Las excusas del tiempo, del dinero y del no sé cómo hacerlo, van fuera. ¡Ya!

> "No importa si usted dirige una empresa o clasifica cartas en la oficina de correos; triunfar en lo que hace comienza por apropiarse de una idea"
>
> David Niven

Te presento la siguiente historia...

Es la historia de Oprah Winfrey.

La presentadora más famosa a día de hoy, tiene libros escritos, programas de televisión y hasta su propia cadena televisiva. Esta gran mujer cuenta con una historia personal detrás, bastante dura y de superación constante.

Su madre la tuvo siendo una adolescente, su padre desapareció y no se hizo cargo de ella. Vivían con su abuela materna. A Oprah le tenían que hacer vestidos con sacos de patatas, pues su familia era una familia sin recursos económicos. Debido a su vestimenta los niños se reían de ella.

Su abuela la enseñó a leer y la cuidó durante su infancia como a una hija más. Su madre tiempo después se mudó y trabajó como sirvienta. Tuvo otra hija y a partir de entonces, ya no tenía dinero suficiente para mantener a las tres. Su madre tomó la decisión de mandar a Oprah con su tío, y ahí empezó su infierno particular. Su primo, su tío y un amigo de la familia abusaron sexualmente de ella. A los trece años tuvo que huir de la casa y mudarse de nuevo con su madre.

Empezó a trabajar gratis en una radio para adquirir habilidades en los medios y poco a poco fue ascendiendo hasta que a los treinta y tres años consiguió tener su propio programa de televisión. El resto es historia, su vida exitosa ya es conocida por todos.

Debido a su tremendo éxito, Oprah se ha convertido en la envidia de muchas personas. Lo que estas personas no saben es la historia que te acabo de relatar, de ella sólo se conoce lo que se ve ahora.

"La vida es una elección, no algo que nos ocurre"

Lacey Benton

El neurocientífico Joe Dispenza, dice que que los cambios se asemejan a cruzar un río. Por un lado, está tu entorno que quiere mantenerte en el sitio que ocupas actualmente, pues se han acostumbrado a verte de una determinada manera y no quieren que cambies. Estás personas son las que cuando te tiras al río desde la orilla te gritan que vuelvas.

Y por otro lado, están tus miedos, que salen a flote cuando lleva un rato dentro del agua y dices: "está fría", y decides volver a tu zona de confort.

"Aléjate de la gente que trata de empequeñecer tus ambiciones. La gente pequeña hace eso, pero la gente realmente grande te hace sentir que tú también puedes ser grande"

Marc Twain

Kennedy decía que **la valentía no venía de poseer ciertas cualidades, sino de aprovechar la oportunidad cuando se presenta.** A veces, o lo más seguro es que la mayoría de las veces, **te cueste tomar la decisión de lanzarte, pero es que ese es el precio que tendrás que pagar, y cuanto más grande el sueño, más alto será el costo.**

Si a esas personas que hoy envidian a Oprah se les preguntase si a cambio de lo que tiene ella hoy, estarían dispuestos a vivir todo lo que tuvo que vivir ella, aún sin saber si llegarían a un buen puerto. La respuesta sería *no*.

La envidia es fruto de querer tener lo que otro tiene, pero a la vez no estar dispuesto a pagar el precio que el otro ha tenido que pagar.

Me explico...

Imagina que envidias la fama de Beyoncé. Pero realmente no sabes lo que tiene que superar cada vez que se sube a un escenario. Sus horas de ensayo de coreografías, de canciones, el tiempo separada de su familia, aviones, cansancio, estrés...

Es más, no sé si sabes que **Beyoncé para subirse a un escenario tiene un personaje creado, un *alter ego*, que le permite dejar a un lado su timidez y vulnerabilidad** y convertirse la mujer sexy y explosiva que ves en el escenario. Ese personaje creado tiene un nombre y es Shasha Fierce.

En una de sus entrevistas Beyoncé dijo: "*Para mí es muy importante diferenciar las dos identidades. He creado a Sasha para que mis fans sigan disfrutando de lo que están acostumbrados*". Imagina, cuánto tiene que retarse a sí misma para llegar a ser esa mujer que tantos admiran...

La clave está en admirar,

no en envidiar.

Valorar todo lo que hay detrás del trabajo de la persona y decir: ¡Guau! *vaya ovarios tiene esta mujer para hacer lo que hace.*

Desde la abundancia y la admiración podrás recibir, pero desde la escasez el universo no te va a proporcionar nada. No eres merecedor de ello.

Espero que estas dos historias te hayan servido para ampliar tus horizontes y ver que hay un background escondido detrás de cada una de las personas, hasta que alguien se decide y se habla de él.

Aumenta tu confianza

Lo primero que debes saber es que en ti ya se hayan todas las herramientas que necesitas para superar cualquier desafío que se te presente.

♥ Analiza tu pasado

Si comienzas a recordar cada uno de los obstáculos que has superado, te darás cuenta de que eres mucho más fuerte y de que cuentas con muchos más recursos de los que creías.

Con el paso del tiempo te olvidaste de aquello por lo que tanto peleaste y **dejaste de dar importancia al guerrero que eres.** Estoy segura de que ganaste decenas de batallas; revísalas y date cuenta de cuantísimo vales.

Conciénciate de que si en el pasado pudiste superar todas las barreras que te limitaban, hoy también puedes tener esa valentía y muchas más herramientas que te hagan superar los nuevos desafíos.

❤ Sé tu mejor compañero de viaje

A menudo buscamos el apoyo en otras personas, pero ¿quién mejor que tú mismo para motivarte? Solo tú sabes por lo que estás pasando en cada momento.

Hazte con todas las nuevas herramientas que puedas para superar cualquier bache, por ejemplo, **una lista de canciones motivadoras para ponerte en acción, frases motivadoras en tu fondo de pantalla del móvil para mantenerte enfocado, lee libros de superación personal, busca videos por YouTube de personas que hayan superado grandes desafíos...**

Ya que si no te apoyas y te rechazas, de poco servirán las ayudas externas que recibas.

Pon en práctica todos los tips y crea una férrea alta autoestima.

❤ Da el salto

Sin lugar a dudas, la confianza que tienes en ti mismo crecerá en base a cuántos obstáculos hayas sido capaz de vencer. <u>No te conviertas en el inquilino de tu vida, sé el dueño de tu vida.</u>

Te animo a que cuando se te presente un desafío te lances pronto al vacío, de lo contrario tu mente te saboteará con miedos y creencias limitantes, y una vez más te mantendrá al margen de poder alcanzar algo más grande. Tus miedos habrán vencido y en tu mente quedará la frase: *"ya sabía yo que no iba a poder"*.

¡No dejes que eso ocurra!

Sólo a través de la acción, puedes superar los desafíos. Es la única forma en la que podrás avanzar. <u>No te preocupes si te faltan herramientas (hay ferreterías en todos los pueblos), por el camino puedes ir aprendiendo habilidades. Lo más importante es ponerte en marcha, la inercia te llevará.</u>

No dejes de hacer algo por miedo a la opinión ajena, al que pensarán de mí... **Muchas personas están ahí afuera hablando cuando deberían callar.** Para muestra una historia. Vamos con ella...

Dicen que una mujer fue a visitar a Gandhi preocupada porque su nieto comía demasiada azúcar.

- Maestro le ruego que le diga a mi nieto que deje ya de comer azúcar. – Dijo la señora.

- Gracias por su visita. Le ruego que vuelvan la semana que viene. –Respondió Gandhi.

A la semana siguiente la abuela y el nieto volvieron.

- Maestro, ¿nos recuerda? Estuvimos aquí la semana anterior.

- Sí, por supuesto. –Tras una pausa dijo al niño – Niño no comas más azúcar.

La señora sorprendida le preguntó:

- Disculpe maestro, ¿por qué no se lo dijo la semana pasada?

- La semana pasada yo también comía azúcar.

Cuando algunas personas se limitan a criticar no se dan cuenta de lo más esencial, que no son congruentes. **Pues lo que dicen que la otra persona hace mal, ellas mismas también lo hacen.**

La siguiente historia también lo relata muy bien...

Cuentan que un joven llega a la casa de un sabio y le dice:

-Tengo algo que contarle...Un amigo suyo habló de usted bastante mal y...

- ¡Espera, no sigas! ¿ya lo hiciste pasar por los tres filtros? - Espetó el sabio.

-¿Los tres filtros?

- Sí. El primero es el de la verdad. ¿Estás seguro de que lo que escuchaste es cierto?

- No, se lo escuche a unos vecinos...

> – Bien, entonces al menos lo habrás pasado por el segundo filtro. ¿Eso que me vas a decir hace bien a alguien?
>
> – Lo cierto es que no.
>
> – Vaya, entonces probemos con el tercer filtro ¿es necesario hacérmelo saber?
>
> –Lo cierto es que no.
>
> –Entonces, si no es cierto, no hace bien a nadie y no es necesario contarlo, olvidémoslo. – Respondió el sabio.

¿Cuándo es el momento de empezar?

Ésta es la pregunta estrella que rondará por tu mente si te estás planteando un gran cambio. ¿Ahora es un buen momento?

¿Debería esperar algo más de tiempo?

¿Y si no estoy preparado?

Si has sentido esa <u>punzada</u> que te pide un cambio, entonces hazlo. **No seas de los que se pasan la vida haciendo esto o aquello porque "es lo que toca hacer".**

¿Recuerdas cuando eras pequeño y nada te frenaba?

Si algo te aburría o no te gustaba, lo dejabas y te ibas a hacer otra cosa. No me digas que eso es otra historia, que ya no somos niños, que somos adultos... y *bla bla bla*.

¿Y qué?

¿Es que por ser adulto tienes que ser infeliz?

¿Dónde firmaste eso? Yo nunca lo firmé, así que si lo firmaste mira a ver si se puede revocar el consentimiento...

Tener por bandera tus prioridades significa que en lugar de quedarte esperando a que las circunstancias mejoren o a que te parezcan las adecuadas, tomas acción hacia tus metas y confías en que las cosas te irán apareciendo según las vayas necesitando.

Imagina que deseas ir de Barcelona a Madrid, te subes al coche y te pones en marcha. ¿Verdad que no ves Madrid? Pero eso no quita que Madrid exista, Madrid está ahí, sólo que aún no la ves. Lo mismo pasa con tus sueños. No te paralices porque aún no los veas ni tan siquiera perfilados, confía en que si sigues el camino correcto, llegarás a ellos.

Piensa que tu vida es como una película, mientras no hagas nada, no pasará nada. **En el momento en el que en el rodaje se dice ACCIÓN, la fantasía que estaba en la mente de alguien se hace realidad.**

¿Cuánta acción vas a tomar hoy?

Parte 8:
Nunca te rindas

Saca lo mejor de ti

A pesar de que pierdas la motivación en ciertos momentos, sigue adelante. No dejes que esos malos momentos te embriaguen.

••••••••••••••••••••••••••••••

Un día te levantarás creyéndote el rey del mundo y otro te levantarás sintiéndote el más mísero del mundo.

••••••••••••••••••••••••••••••

Esto es así porque somos personas, y como tales estamos envueltas por hormonas que nos hacen pasar de un estado a otro.

Tus emociones no pueden determinar tu vida, lo tienen que hacer tus decisiones.

La única forma de ser una persona libre es que a pesar de que te levantes con el pie izquierdo, decidas que vas a hacer aquello que sabes que realmente quieres hacer; aunque en ese momento no te apetezca tanto.

Aunque no tengas ganas ese día... SIGUE ADELANTE.

Podrás estar cansado, pero nunca abatido.

"El futuro recompensa a los que siguen adelante. No tengo tiempo para sentir pena por mí mismo. No tengo tiempo para quejarme. Voy a seguir adelante"

Barack Obama

Es absurdo creer que todos los días te tienes que levantar de buen humor y deseando hacer cosas. Nuestro comportamiento es complejo. **Creemos que no estamos haciendo algo bien, si cada mañana no nos levantamos felices.** Créeme, todo va bien.

Estudia a los grandes personajes de la historia y te darás cuenta que ellos también pasaron épocas horribles, pero eso no les frenó. Tuvieron la determinación de hacer con su vida lo que querían, eso es libertad.

Piensa en la frase que dice: *el tiempo es oro.*

¿De verdad?

El tiempo no es oro. **El oro no es nada más que un material que se puede adquirir cada vez que lo desees, la vida no.**

¡El tiempo es vida!

• •

Cada circunstancia que te aparezca, vívela como un aprendizaje, un reto, un desafío, que vas a superar. No como un problema.

• •

"Cuando un velero no sabe a qué puerto se dirige, ningún viento es el adecuado"

Séneca

Si tienes un desafío,
tu objetivo es superarlo

A veces, nos volvemos locos con la lista de propósitos. Parece tan difícil... Pero, NO. Es muy sencillo, tu propósito es <u>ser quien eres y amarte de verdad.</u>

Nos cuesta fluir, nos empeñamos en proteger y atesorar aquellas cosas que tenemos, y a la misma vez empezamos a desear aquello que no tenemos.

Cada día toma la tarea de sonreír más, es la imagen más bonita que puedes dar de ti. **Los niños sonríen una media de 400 veces al día, mientras que tan sólo un 33% de los adultos sonreímos** más de 20 veces al día.

¿Qué nos pasa con los años que perdemos algo tan bonito?

> "Todas las maravillas que buscas están dentro de tu propio ser"
>
> Sir Thomas Browne

Cada tres o seis meses haz en tu vida un alto y valora dónde te encuentras. Reflexiona. Extrae:

- ♥ Lo que has aprendido estos meses (pasado).
- ♥ Si estás contento con lo alcanzado (presente).
- ♥ Hacia donde quieres dirigirte (futuro).

"Planificar es traer el futuro al presente para poder hacer algo al respecto"

Alan Lakein

Historia de persistencia

"No te alejes de tus ilusiones. Cuando éstas desaparezcan, seguirás existiendo, pero habrás dejado de vivir"

Mark Twain

Martin Rothbatt, era un hombre de negocios, felizmente casado y con hijos. Pero un día, la vida le dio una vuelta de tuerca y todo se complicó. Su mujer le confesó ser lesbiana, y decidió abandonarlo.

Él estaba tan profundamente enamorado de ella que se sometió a una operación para hacerse un cambio de sexo y convertirse en mujer, en Martine.

La cosa no quedó ahí. La vida le tenía preparado otro desafío, una enfermedad grave en su hija que de no ser tratada la llevaría a la muerte. Este hombre ahora convertido en mujer creó un laboratorio con los mejores investigadores para buscar la forma de diseñar una vacuna que en aquel entonces todavía estaba en la fase de prueba. Finalmente, logró salvar la vida de su hija y pasó a comercializar la vacuna. En la actualidad, se encuentra sumergido en un proyecto realmente novedoso, el estudio de la conservación de los cuerpos para el futuro.

Cada uno de nosotros sabe dónde tocar para hacer eso que le hace realmente feliz, lo difícil es decidirse a hacerlo.

> Si no estableces tú las prioridades en tu día a día, alguien las establecerá por ti.

Las distracciones digitales te hacen perder el foco con facilidad. **En las redes sociales todo el mundo tiene una opinión que aportar, una manera de ver el mundo y un consejo acerca de hacia dónde deberías dirigirte.** Por tanto, el exceso de información y de opiniones está servido. Si no aprendes a gestionarlo bien, podrías acabar sobrecargado.

Hay personas que se consideran a sí mismas buenas samaritanas, dando consejos a quienes no se los están pidiendo. Consejos, que la mayoría de las veces no cuentan con una experiencia detrás y que suelen más bien ir a limitarte, que a expandirte. No se dan cuenta que si las otras personas no les piden consejo es porque en realidad no lo necesitan.

Filtra las cosas que entran en tu vida.

Cuenta la leyenda que un monje tuvo una conversación breve y profunda con Buda:

–Yo quiero la felicidad. –Dijo el monje. –¿Dónde la puedo hallar?

–La tendrás si retiras primero el YO de la frase, pues eso es sólo tu ego. Luego pasa a quitar el QUIERO, porque eso es sólo un deseo terrenal. Y entonces, ya tendrás lo que buscabas: LA FELICIDAD.

"La mayoría de las cosas importantes del mundo han sido conseguidas por gente que siguió intentándolo cuando parecía que no había esperanza"

Dale Carnegie

Cuenta la historia que había dos granjeros pidiendo a Dios mediante oraciones y ruegos que mandara agua a sus tierras secas y desérticas. Pero sólo uno de los dos salía cada día a preparar la tierra para cuando llegara la lluvia.

¿Cuál de los dos tenía la confianza de que el agua llegaría?

En la vida debes ser perseverante cuando estés en el camino de aquello que buscas. Si de verás quieres algo, deberás entregarte por completo y confiar. Si haces todo lo que tienes que estar haciendo, créeme que lo lograrás.

Muchos te preguntarán para qué sigues si hasta ahora no has conseguido nada. **Pero recuerda que las reglas sólo están hechas para los conformistas.** Los inconformistas seguimos adelante, a pesar de las críticas. Digo *a pesar* porque éstas siempre estarán.

Cualquiera que haya logrado cierto éxito en su vida, apuesto a que antes, de seguro, ha tenido que esforzarse.

Nútrete de la sabiduría de las personas expertas, cuanta más edad tengan, más experiencia tendrán ya que a más retos se habrán enfrentado. Serás un alumno aventajado de la vida. Los jóvenes que se nutren de la sabiduría de los mayores son los que llevan ya la mitad del camino recorrido.

Hay historias de empresarios que lo han perdido completamente todo, se han quedado peor que los indigentes y después de un tiempo han vuelto ha triunfar. **Mendigo y empresario no tenían nada, pero el empresario es que a parte de no tener nada, tenía deudas.** A pesar de ello, éstos últimos se dieron cuenta que tenían un activo que podían poner a funcionar a pleno rendimiento para remontar su situación: su mente.

Gracias a esa lucidez, estos empresarios volvieron a recuperar su situación financiera. Nosotros tenemos el mismo activo que ellos, la cuestión es: ¿Aprovechamos nuestro activo? o ¿no hacemos nada y nos dedicamos a criticar a los que triunfan?

Si buscamos construir algo grande en la vida lo más importante y a lo que debemos prestar más atención es a los cimientos. **Lo que es realmente bueno e importante en la vida exige tener unas buenas raíces que soporten cualquier tempestad.**

Sé que ser paciente y perseverante no es una idea que consiga muchos adeptos. La mayoría quieren todo y ya, ahora mismo, instantáneo.

> Los estafadores se aprovechan de la ansiedad del cortoplacismo, prometen resultados instantáneos en poco tiempo y sin apenas esfuerzo:
>
> ♥ Aprende un idioma en un mes.
>
> ♥ Reduce diez kilos en diez días.
>
> ♥ Aprende a ser millonario en un fin de semana.

Sé inteligente y no caigas en reclamos que sólo te suponen pérdida de tiempo y dinero.

> "La gente sobreestima lo que puede conseguir en un año y sin embrago, subestima lo que puede conseguir en diez"
>
> Tony Robbins

Esta claro que el entorno no facilita la paciencia. Estamos rodeados de compras a un sólo click, de cambiar canales con un botón, de comida al microondas en un minuto, todo es rápido.

Todo es instantáneo.

Todo es en el momento.

No hay esperas.

Pero también hay que tomar pausas, tiempo para inspirarse. Me encantan los maravillosos versos que nos dejó Mario Benedetti para reflexionar en esos momentos difíciles, te los comparto para que logres recargar tus energías:

> No te rindas, aún estás a tiempo
> de alcanzar y comenzar de nuevo,
> aceptar tus sombras,
> enterrar tus miedos,
> liberar el lastre,
> retomar el vuelo.
>
> No te rindas que la vida es eso,
> continuar el viaje,
> perseguir tus sueños,
> destrabar el tiempo,
> correr los escombros,
> y destapar el cielo.
>
> No te rindas, por favor no cedas,
> aunque el frio queme,

aunque el miedo muerda,
aunque el sol se esconda,
y se calle el viento,
aún hay fuego en tu alma
aún hay vida en tus sueños.

Porque la vida es tuya y tuyo también el deseo.
Porque los has querido y porque te quiero.
Porque existe el vino y el amor, es cierto.
Porque no hay heridas que no cure el tiempo.

Abrir las puertas,
quitar los cerrojos,
abandonar las murallas que te protegieron,
vivir la vida y aceptar el reto,
recuperar la risa,
ensayar un canto,
bajar la guardia y extender las manos,
desplegar las alas
e intentar de nuevo,
celebrar la vida y retomar los cielos.

No te rindas, por favor no cedas,
aunque el frío queme,
aunque el miedo muerda,
aunque el sol se ponga y se calle el viento,
aún hay fuego en tu alma,
aún hay vida en tus sueños,
porque cada día es un comienzo nuevo,
porque ésta es la hora y el mejor momento,
porque no estás solo, porque yo te quiero.

Las oportunidades que la vida te va a presentar son como los amaneceres, si no te das prisa te los pierdes.

No rendirse es fundamental, no puedes ir a lo fácil y esperar maravillas. **No quieras la fruta más alta del árbol dando dos saltos, esto no funciona así.** Si quieres la fruta de más arriba, tendrás que ir dando saltos, ensayando, fallando… así es como conseguirás la fruta más deliciosa. Porque lo fácil siempre está ahí, siempre hay fruta que se cae de los árboles y no tendrás tan siquiera ni que saltar. Pero si te has enamorado de algo que está más arriba entonces tendrás que entrenarte para llegar a ello.

Granito a granito se hizo la montaña

"A veces podemos pasarnos años sin vivir en absoluto, y de pronto toda nuestra vida se concentra en un instante"

El Retrato de Dorian Gray

•••••••••••••••••••••••••••••••••

No siempre lo que importa es el resultado, sino si lo que has hecho cada día ha sido lo suficientemente importante y decisivo.

•••••••••••••••••••••••••••••••••

Los éxitos a veces, ocurren tras la consecución de muchos fallos, de un fallo tras otro.

La persistencia crea el éxito.

¿Qué más dan las veces que necesites fallar hasta lograr tu objetivo? ¿Quién va a llevar la cuenta? ¿Lo verdaderamente importante no es el resultado? o ¿A caso lo es el ensayo?

Todos estamos demasiado ocupados con nuestras vidas como para estar pendiente de la tuya. Así que no temas, no vamos a estar mirándote con lupa.

Permítete fallar de vez en cuando.

Es un auténtico milagro cómo funciona la propia naturaleza humana. Nuestra propia existencia fue el logro de un espermatozoide ganador que venció a otros que fallaron y no lograron entrar en el óvulo.

En estos momentos con total acceso a la información, sabemos que vivimos rodeados de mucha competencia. Esto nos estimula, nos mantiene alerta y nos hace ponernos las pilas.

No te vengas abajo si te encuentras con personas que llevan años y años trabajando en aquello en lo que tú apenas estás empezando. Lejos de desanimarte debes decirte, **no obtengo los resultados que ellos tienen porque aún no los merezco, cuando siga adelantando tramos veré los resultados que ellos tienen.**

En ningún momento dejes de luchar por tus sueños, lo único que tengo por seguro es que esta vida no te va a ofrecer prórrogas.

Ve a por lo que te pertenece o llegará alguien más rápido y se lo llevará.

Cuando estás en la playa descansando en la orilla, puedes percibir que un barco es más pequeño de lo que realmente es. Lo mismo pasa con los sueños, hasta que no los empiezas a perseguir, puedes llegar a pensar que en realidad son más fáciles de conseguir de lo que realmente lo son.

A veces, tendrás que realizar tarea tras tarea a base de sudor para lograr apreciar algún cambio en tu vida, puede que no te sea fácil. Nadie te prometió que lo fuera. **Para armar el montoncito deberás trabajar en cada granito sin abandonar.**

Siempre hay algo que podrás hacer dependiendo de tu objetivo, desde comerte un bollito menos, apuntarte a un nutricionista, correr un kilómetro extra, leer un libro más al mes, ahorrar un extra más, apuntarte a clases...

¿Cuál es el extra que has hecho hoy para estar más cerca de tu sueño?

Tu sendero está lleno de desvíos laterales, callejones sin salida que no te llevarán a ningún lado, lo único que harán será retrasarte y para no llegar puntual a tu destino. Estos desvíos que en ocasiones tomarás, los tomarás por no tener clara tu meta y no trazar un buen mapa.

> La historia de Alicia en el País de las Maravillas ilustra perfectamente la desorientación de la que hablamos.
>
> - ¿Te importaría decirme que camino he de tomar? –Preguntó Alicia.
>
> - Eso depende de hacia dónde quieras ir. –Dijo el gato.
>
> - No me importa mucho dónde ir. –Dijo Alicia.
>
> - Entonces la dirección dará igual. –Sentenció el gato.

Empieza a caminar poniendo previamente tu GPS interno en marcha. Las sorpresas siempre tendrán cabida y pueden incluso ser buenas en tu viaje, pero no han de convertirse en la esencia del camino.

Escoge sólo <u>UNA</u> cosa importante, la que tú elijas, y no te disperses a la hora de buscarla. Todo lo que acontece en tu día a día no son sólo cosas importantes, pueden ser necesarias, urgentes o sin importancia, sino no existiría la palabra importante.

Piensa en si lo que vas a hacer te mantiene en un punto más cercano o más lejano de tu meta, y decide.

Organízate con eficacia

A la hora de trabajar deberás hacerlo inteligentemente. Haz como la hormiga: sé paciente, esfuérzate y sé disciplinado en aquello que buscas alcanzar.

• •

El Efecto Zeigarnik dice que tendemos a recordar más las tareas inacabadas o interrumpidas que aquellas que hemos completado.

• •

Con tal panorama es normal que perdamos la motivación con tanta facilidad.

¿No crees?

Vivimos en un mundo en el que cuando no son las notificaciones del móvil, es una llamada, suena el timbre, alguien entra a la habitación…

David Allen en su libro *Organízate con Eficacia* nos enseña la técnica de los dos minutos. Esta técnica consiste en que **si la tarea que necesitas realizar sea la que sea, y te supone realizarla menos de dos minutos, entonces deberás hacerla.** Se sabe que una vez que empiezas a hacer dicha tarea eres capaz de acabarla con más facilidad.

Con esta regla te sentirás más activo y motivado pues estarás consiguiendo hacer muchas tareas pendientes, en lugar de postergarlas.

La clave no es trabajar duro hasta caer en la extenuación, sino trabajar inteligentemente hasta que el objetivo se consiga, sea el tiempo que sea el necesario.

¿Alguna vez has plantado una semilla?

Si la respuesta es sí, puedo asegurar que habrás sido paciente, la habrás regado con el agua necesaria, le habrás brindado rayos de sol y le habrás dado tiempo para crecer. **Sería de locos desenterrarla a los pocos días buscando la flor.**

Cultiva tus sueños igual que lo hiciste con la semilla.

Perdido en el camino de la vida

Supongo que a ti también te sucedería que cuando fuiste pequeño, había determinado plato de comida que no te gustaba. Un día creciste, fuiste a casa de un amigo, su madre te puso ese plato, y como te sentías avergonzado, no quisiste decir que no te gustaba y probaste a comértelo... y *voilá*, resultó que sí te gustaba.

Usa tu aprendizaje a tu favor.

Prueba a hacer lo mismo, cuando en tu vida no sepas por dónde ir. Prueba a trabajar en diferentes cosas... Siempre habrá una rama que te guste más.

Puedes haber estudiado económicas y tras unos años, puedes haberte dado cuenta que te gusta más estar en contacto con las personas y la oratoria. Busca una rama alternativa que incluya esos puntos, como ser profesor universitario. Quizá tu camino esté más orientado por ahí...

Si a pesar de buscar alternativas ves que tu camino ya no es ese, <u>nunca es demasiado tarde para aprender una nueva profesión.</u> Con tiempo y esfuerzo, alcanzarás todo lo que te propongas.

"Dos caminos se bifurcaban en un bosque y yo tomé el menos transitado, y eso ha marcado la diferencia"

Robert Frost

Que nada, ni nadie te pare los pies.

• •

Cada día amaneces con las mismas veinticuatro horas que el resto, para gastar como quieras. El tiempo es tu bien más antiguo, empezaste a disponer de él cuando naciste.

• •

Protégelo.

Cuando consigas tener un sueño bien claro y sepas lo que quieres lograr, deberás empezar a establecer los objetivos tan pronto como puedas.

Los objetivos actúan como imanes.

Cuanto antes empieces a trabajar con ellos, más fuerte será el imán que los atraerá.

Es importante que ese imán tenga un gran magnetismo, pues habrá malos momentos a lo largo del camino. Necesitarás tener ese imán potente que te acerque más a tu sueño.

Es cierto que a veces no sabemos hacia donde tirar y que pareciese que las respuestas están ocultas para nosotros.

Pero las historias de éxito que he estudiado me han demostrado que las respuestas a las preguntas que te haces están camufladas por una neblina y que ésta no se desvanecerá hasta que empieces a avanzar en pos de tu sueño.

• •

Sólo las personas altamente motivadas logran encontrar las respuestas ocultas para el resto.

• •

Ten siempre claros los tiempos. Se dice que: **"en las cosas importantes no has de gastar el tiempo secundario".**

Los exitosos tienen claro donde invertir su dinero. Mientras, la gran mayoría gasta su dinero en su cuerpo, pocos son los que lo invierten en su mente.

Invierte tu dinero en aquello que te ofrezca valor, aquello que te dé un máximo rendimiento. Será una inversión inteligente.

Cuando le comentas a ciertas personas de asistir a cursos, seminarios, comprar libros... te dicen que no pueden hacerlo, que no tienen dinero para esas cosas.

¡No tienen dinero para invertir en su mente!

Pero luego sí que les ves pagándose unas vacaciones que no pueden permitirse, les ves con móviles de última generación y con bolsos de grandes firmas… Les gusta vivir de apariencias. Con esto no quiero decir que esté bien o mal gastarse el dinero en lujos, es más, creo que es importante adquirir de vez en cuando alguno, pues <u>eres merecedor de tenerlos.</u>

A lo que me refiero es que **la partida de dinero que das a tu enriquecimiento interior, siempre debe de ser más grande que la que des a tu imagen externa.**

Invierte bien tu dinero, pero antes aún de aprender esto, aprende a invertir tu tiempo, éste si que no se recupera. De hecho, si le pides a alguien exitoso que invierta su dinero en algo, probablemente si le aporta valor, lo haga. Pero si le pides que invierta su tiempo… ahí será donde se lo piense más.

El dinero siempre puede regresar a ti, pero el tiempo nunca lo hará.

Otro acierto que puedes tener es observar a las personas de éxito, aprender de ellas y modelarlas. <u>El éxito deja rastro.</u> Observa cuáles son los patrones de éxito que tienen. **Una mente bien enfocada es como una metralleta cargada.**

• •
Dispara al blanco de tu objetivo.
• •

Salir de la esclavitud

En los inicios de 1.900, el mundo tenía innumerables recursos que explotar: petróleo, madera, oro... pero se encontraba sin mano de obra obediente y cualificada para trabajar. Pronto solventaron ese problema. Se creó la Enseñanza Pública Obligatoria, el inicio de nuestra capacitación hacia las grandes industrias.

> Empezaron los códigos de vestimenta, los horarios para entrar y salir, los descansos para el bocadillo, el orden y la subordinación a un profesor (figura de autoridad).
>
> ¿Le encuentras parecido a algo?

¡Exacto!

Muchos trabajos aún funcionan así, llegamos a verlo como algo normal porque es a lo que hemos estado habituados desde nuestra más tierna infancia.

Pero el mundo ha avanzado, debemos de ser capaces de apreciar los cambios y explotarlos al máximo.

• •

Hoy somos tan afortunados que podemos cruzar el atlántico por 500 dólares en unas 10 horas. Un siglo atrás, el hombre más rico del mundo hubiese tardado en lograrlo cerca de un mes y se hubiese dejado una fortuna en ello.

• •

¿No es una inmensa fortuna vivir esto?

Hoy con nuestras ideas podemos transformar nuestro mundo y el del resto.

"El tiempo es la divisa de tu vida. Es la única divisa que tienes, y sólo tú puedes determinar cómo será gastada. Sé cuidadoso y no permitas que otras personas la gasten por ti"

Carl Sandburg

Muchas personas creen que para triunfar se necesita una idea extraordinaria y como no la tienen se quedan en el sofá sin hacer nada.

¡Pero si hasta los grandes copian!

Emula el éxito de los que ya lo tienen, **si modelas lo que alguien hace y lo mejoras tendrás un éxito similar** y, ¿dime si esto no es mejor que seguir donde estás ahora?

¿Quieres un ejemplo famoso?

Bien, pongámoslo...

> Si eres activo en las redes sociales vivirías el boom que tuvo Snapchat. Ante esto, ¿qué hizo Instagram? COPIARLES. Sí, sí, has leído bien. Instagram copió a Snapchat y creó los Stories. Una empresa grande, vio que a la competencia había algo que le estaba funcionando, se lo llevó a su terreno y lo usó para expandirse más y más.
>
> Otros que hacen más de lo mismo son Samsung y Apple, si uno de los dos saca algo nuevo, el otro en su modelo nuevo lo añade o lo mejora. Se copian las ideas, por eso triunfan y están en la cúspide de ventas. Ambos disfrutan de auténticos fans esperando sus lanzamientos.

Deja de dormirte en los laureles, el tiempo es el activo más valioso que tienes, aprovéchalo, exprímelo y sácale todo su jugo. ¿A qué esperas?

Deberías tener prohibido aburrirte.

"Emula a los traficantes de droga. Haz que tu producto sea tan bueno, tan adictivo, tan imperdible, que dar a los clientes una pequeña mordida los hará volver con dinero en efectivo en la mano"

Jason Fried y David Heinemeier

¿Estás usando todo el potencial que tienes en tus manos para expandirte? Me refiero a internet, pues tiene un alcance masivo y lo tienes en tus manos cada vez que sostienes tu teléfono. La mayoría sólo lo usa para cotillear vidas ajenas, en vez de para llevar a la suya a su siguiente nivel.

Es como si tuvieses un Ferrari y sólo lo usaras para dar una vuelta por tu urbanización.

No le estás sacando todo su potencial. No tendría sentido tenerlo.

Éxito

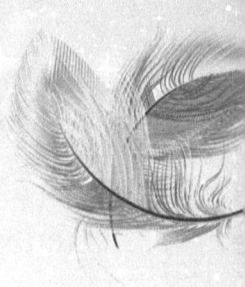

Lo primero que voy a decirte es que el éxito es tan personal como tus huellas dactilares. Cada persona tiene su baremo para medirlo. Por lo que no compares tu éxito con el de otro, ya que caerás en un gran error.

El mejor éxito y es el que te aconsejo que persigas, es el que te mantiene en tu más elevado nivel; te mantiene en equilibrio en tu parte personal, social y profesional. **De nada sirve un éxito aislado en lo profesional, si no tienes con quien compartirlo.**

El éxito se encuentra en el equilibrio de todas tus partes: personal, social y profesional.

Para mí, una persona se vuelve exitosa cuando se convierte en su mejor versión, exprime al máximo sus cualidades y se crea otras nuevas. Esta persona se supera día a día, disfruta de su magnifica vida, se da cuenta de que es una edición limitada y se valora como tal. **Si esta persona fuese un perfume, sería de esos que se sigue oliendo su fragancia aún cuando la persona ya no está.**

Amarte a muerte y sin medida es el éxito. **Cuando confías y apuestas todo por ti, da igual en qué punto del camino te encuentres, que ya estás teniendo éxito.**

· ·

Eres imparable, toma acción masiva y no te rindas jamás.

· ·

Amarte es querer lo mejor para ti, no significa autoconsentirte, ni excederte con los premios. No es narcisismo, es ser tu mejor versión y apreciarlo.

Debemos disfrutar de esta vida que tenemos, pues ¿quién sabe si habrá otra? Los datos que tenemos a día de hoy, es que **nadie ha vuelto de la muerte para contarnos lo que va a pasar después**, asique aprovechemos los minutos, horas, semanas, meses, años...que nos quedan por vivir.

- ♥ ¿Qué buscas en Google?
- ♥ ¿Qué videos te gusta ver?
- ♥ ¿Qué libros te puedes pasar horas devorando y no enterarte del tiempo?

Enfoca tu vida hacia aquellas cosas que te hacen sentir bien.

"Sólo he tenido dos reglas en mi vida: haz todo lo que puedas y hazlo lo mejor que puedas, es la única manera en la que lograrás grandes cosas en la vida"

Coronel Sanders

Si lo deseas, **cuando tengas tus propósitos bien definidos, cuéntalos y créate la presión social necesaria para que te sientas obligado a salir adelante sí o sí.** No hay alternativas. Esto hazlo sólo en caso de que la presión te haga moverte. No lo hagas si crees que la presión te puede afectar negativamente.

> Cuando nos exponemos socialmente solemos llevar a cabo nuestras metas para no estropear nuestra reputación. Úsalo a tu favor.

Cuenta tus *"para qué"* y tus *"por qué"* en tu círculo privado o en tus redes sociales, si con ello crees que te catapultarás a la lucha masiva de tus objetivos.

El éxito la mayoría de las veces se consigue tras un fracaso + otro fracaso + otro fracaso +otro fracaso + volverte a levantar y seguir tantas veces como te sean necesarias, hasta que puedas alcanzar el resultado esperado.

El éxito y el fracaso sólo dependen de ti.

Tu éxito dependerá de cuán implicado estés, no de tu suerte, sino de tu capacidad de perseverancia.

Y tu fracaso, dependerá de la fuerza que tengas para reponerte de los errores y seguir actuando.

Una vez me contaron que **la palabra suerte la usamos porque no queremos sentirnos mal cuando algo nos salió mal o lo perdimos.** Decir *tuve mala suerte*, lo deja todo al azar, y nos rebaja culpabilidad por no haber hecho todo lo que estaba en nuestra mano.

Impaciencia: lo quiero ahora

Vivimos en una sociedad donde todo es ahora o nunca, no hay tiempo para trabajarlo poco a poco. No queremos estar tiempo solos, lo que va lento, el tiempo de meditación o el tiempo de silencio nos pone nerviosos, parece que no estemos aprovechando realmente el tiempo. Estas actividades las asemejamos al aburrimiento y sentimos que estamos perdiendo el tiempo.

Con tanto estimulo externo hemos permitido que nuestro cerebro pase de una actividad a otra sin darse cuenta. Es incómodo para él tener momentos de pausa.

Nos gusta estar hiperestimulados, saltamos de una página web a otra, nos dejamos libros a medio y saltamos a otro, vemos varias series a la vez en lugar de acabar la última temporada de una y ponernos con otra...

No queremos espacios de sosiego y de calma, si vemos que no tenemos nada que hacer, sacamos nuestro pequeño artilugio del bolsillo y empezamos a navegar por la red para ver que hay nuevo, y si me he perdido algo mientras hacia otra cosa.

Pero las cosas que más merecen la pena se hacen con calma, con amor. ¿Recuerdas ese guiso de tu abuela tan rico? El secreto no sólo habitaba en la receta, sino en el tiempo de cocción.

En la actualidad, tú llegas a casa y te pones a cocinar la misma receta y como no tienes el tiempo suficiente, pones el fuego a todo lo que da para que se haga más rápido. Para luego darte cuenta de que sí, algo se parecen, pero que igual, igual, no saben.

Mientras ella lo ponía a fuego lento y tardaba el doble que tú en su cocción, tú sólo pensabas en la inmediatez. Ahí está la diferencia que lo cambia todo.

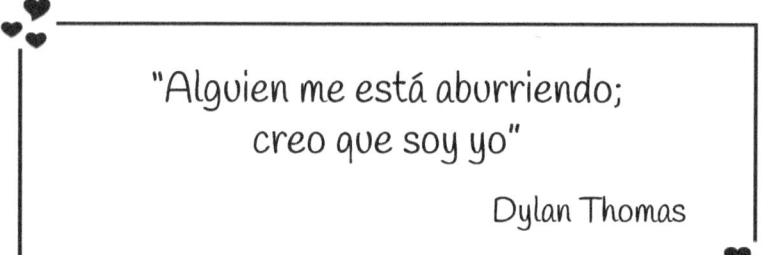

"Alguien me está aburriendo; creo que soy yo"

Dylan Thomas

Si vives una vida en la que constantemente te sientes aburrido y en la búsqueda de algo más, es probable que no vivas alineado con tu propósito. Algo has de cambiar, mejórate y supérate cada día y dejarás de estar aburrido.

El crecimiento no aburre, engrandece.

El fertilizante de la vida

"Vive como si fueras a morir mañana.
Aprende como si fueras a vivir para siempre"

Gandhi

Mi marido tiene terrenos que cultiva y durante el año tiene que abonarlos. El fertilizante más importante de la tierra es el estiércol. El estiércol está compuesto por excrementos de animales y como puedes imaginar el olor es horrible y tira para atrás.

Si al cabo de un tiempo después de usar este fertilizante, vuelves por las tierras te darás cuenta que el olor ya no está y que en su lugar hay hermosas plantas creciendo. **Verás que ese fertilizante que olía fatal, ha proporcionado los nutrientes que ese terreno necesitaba y que de otra manera no podría haberlos obtenido.**

Igual que pasa en sus terrenos, en la vida nos sucede lo mismo. **Vivimos situaciones que apestan y que no entendemos, pero que cuando ya han sido vividas, empezamos a entender lo que han supuesto para nosotros** y cuánto hemos mejorado gracias a ellas.

Así que cada vez que notes que el estiércol te cae encima: tu jefe te hace alguna injusticia, muere alguien especial en tu vida, tu relación se estropea... Mantén la esperanza y la confianza de que dentro de un tiempo esa situación, puede impulsarte a ir por algo más grande.

Somos humanos y como tales nos gusta la seguridad, nos encanta tener a alguien a nuestro lado que nos diga que *estemos tranquilos que todo se resolverá y que todo saldrá bien.* A veces, esperamos que la situación pase de largo sin mover nosotros ni un dedo.

Pero, déjame decirte que si no te meneas y te sacudes el polvo, te quedarás estancado.

• •

Los que evitan las situaciones difíciles y desafiantes, están evitando el éxito.

• •

Si ahora estás pasando por un momento complicado, será difícil que puedas entenderlo y verlo, pero si persistes y sigues adelante aprendiendo de cada desafío, empezarás a conectar los puntos como dijo Steve Jobs: **"cuando te pongas a mirar hacia atrás te darás cuenta que los puntos conectan. Pero sólo lo puedes hacer mirando atrás. Hacia delante no entenderás nada y nada tendrá sentido".**

Claves para tener éxito

- Confía en que todo es posible. Tu mentalidad debe ser positiva. Un pesimista nunca ha encontrado vacunas que salven vidas, ni ha hecho grandes inventos, ni ha cambiado el mundo...

- Lucha siempre por tus sueños. Que las opiniones ajenas no te frenen. Conviértete en un tren en marcha. A un tren en marcha no lo frena ni una piedra, ni un montón de piedras, ni tan siquiera un muro. Atraviesa todo.

- No te quejes, ni critiques. Si hay algo que puedes hacer para que la situación cambie, hazlo.

- Los desafíos del camino, están ahí para comprobar cuánto deseas eso que tanto ansias obtener.

- Mantén la creatividad y la diversión que muestra un niño.

- Muéstrate agradecido.

- Si un sueño no se hace realidad, habrás conseguido mucho por el camino.

Tener sueños te mantiene ilusionado, hace que disfrutes más la vida, sin ellos mueres un poquito cada día. Apasiónate con ellos.

En tu día, agenda unos minutos aunque sean 3 o 5 minutos para visualizar tus sueños. Aliméntalos para que vivan en ti y te pongan en marcha.

Esto no es un final, esto es un nuevo comienzo...

Espero que estas páginas te hayan ayudado a encontrar tu propio camino, espero haberte ayudado a encender la antorcha de luz en tus momentos más oscuros y lo que espero más aún es que hayas decidido llevar a cabo la vida de tus sueños.

Deseo que un día nos conozcamos en persona y me cuentes todos los éxitos que has tenido.

Recuerda que la vida es un continuo aprendizaje y aún hay mucho por descubrir ahí fuera. Tu vida es fantástica, maravillosa y con los cambios que estás implementando pasará de valer la pena a valer la alegría.

Espero que tengas un gran camión preparado porque hoy lo vas a necesitar, una vez que cierres este libro **empezarás la mudanza a tu nueva vida.** Una que tú has diseñado especialmente para ti. Y es que cada vida está hecha a nuestra medida. Tu vida, tiene tu marca, tu esencia, es diferente a las demás por eso buscas emociones distintas a las que buscan los demás. Espero haberte dejado bien claro a lo largo de estas páginas lo grandioso que eres.

Eres una edición limitada. Como tú no hay dos.

Trátate realmente bien, tú eres la única persona con la que vas a convivir cada uno de los días de tu vida, jamás te abandonarás, por muy dura que sea la situación. Así que más vale que te quieras, que **recompongas todas tus partes y que te apoderes de las mejores herramientas por si un día te rompes.** Mi misión en este libro ha sido proveerte de las mejores y más magníficas herramientas que existen para que nunca te falte nada.

Mereces mucho más de lo que tienes. Nunca lo olvides.

Espero que ya te haya quedado claro.

Tú estarás contigo en las buenas y en las malas, en la salud y en la enfermedad… pero no de boquilla con un par de anillos, esto va en serio y no están permitidos los divorcios. Jamás de los jamases te podrás separar de ti. No está permitido. Te acompañarás hasta el mismo día de tu muerte.

En tus manos está tratarte con amor y cariño o con desprecio y castigo. **Más vale que dejes de despreciarte, porque ha de ser una auténtica tortura pasar toda una vida con una persona así.**

> "El estado de tu vida no es más que un reflejo del estado de tu mente"
>
> Wayne Dyer

Si has llegado hasta esta página es porque ya te has hecho conocedor del poder que albergas en tu interior. Ese poder que durante tanto tiempo creíste que no tenías. Hoy ya eres libre para usarlo.

Para ser realmente feliz.

Hoy te has vuelto alguien imparable.

Deja de escuchar los consejos de los que no han obtenido resultados, aunque sean amigos o familiares bien intencionados, apóyate en personas que ya obtuvieron los resultados que hoy persigues. <u>No dejes que nadie apague tu luz.</u>

Obtén el consejo de los que van unos cuantos pasos por delante tuya. Ellos conocen bien el camino. **Podrán darte luz con sus linternas desde delante y hacerte avanzar más rápido.**

> "Dale luz y la oscuridad desaparecerá por sí misma"
>
> Erasmo

Los que están igual o peor que tú poco te podrán aconsejar.

> Hoy has dejado de utilizar como combustible la gasolina para usar el queroseno.

Sal ahí fuera y cómete la vida, pero cómetela toda, no dejes ni un sólo bocado.

Empáchate de vida.

Espero que hayas sacado partido a todas las experiencias que la vida te brindó: las veces que te rompieron el corazón, que te sentiste criticado, rechazado, insultado, solo, abatido, decepcionado… Todas esas situaciones <u>fueron un entrenamiento</u> de la vida; tuviste que pasarlas para que hoy vieses por qué camino no volverás a transitar. **Esas situaciones te han traído hasta estas páginas, buscaban esto, tu reinvención.** Ya dejaron de existir los *un día lo haré…* Ahora sólo existen los *hoy es el día en que…*

> Cada día que despiertas cuentas con un cheque de 24 horas para gastar, decide bien en qué gastarás tu cheque.

Deseo con todo mi corazón que antes de que el juego de la vida te dé un GAME OVER, tú hayas obtenido la máxima puntuación. No sabemos si tendremos más juegos que jugar al otro lado del GAME OVER, por eso ve a por todas, hazte con tantas herramientas como puedas para ir saltando de nivel en nivel, cada vez más y más rápido.

Espero encontrarte en la última pantalla y que me cuentes cómo llegaste hasta allí.

No te dejaré sólo en el camino.

Aún no me he ido, sigo aquí, y en mi tercer libro TU VIDA, TUS REGLAS encontrarás todas las herramientas que te acompañarán y te harán llegar a niveles que otros por desgracia, jamás vivirán.

Es hora de cambiar de nivel.
Consigue la vida de tus sueños.
Confía en ti.
Con todo mi amor.

María Mesa.

¿Me ayudas a mejorar el mundo?

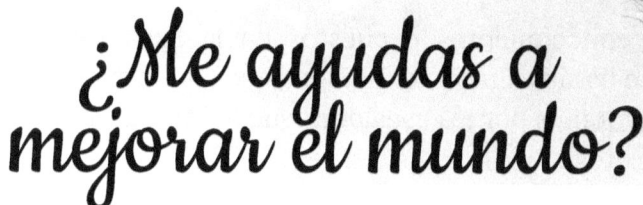

Amo a las personas, me gusta conocer su historia, sus sueños y aspiraciones, para poder ayudarlas a construirse una vida mejor; una vida hecha a medida, una vida creada por ellas mismas.

Tú eres una de esas personas especiales.

No me considero el vehículo que te hará llegar a tu destino de éxito, sino más bien **una luz que alumbra durante el recorrido.**

Considero que cada uno debe escoger por sí mismo los pasos a seguir en su camino al éxito, para que cuando lo logre sepa que todo el mérito fue suyo.

Si este libro ha supuesto un antes y un después en tu vida es que **ha cumplido su misión.** He tratado por todos los medios traerte todos los conocimientos y sabiduría milenaria que he adquirido a lo largo de toda mi vida, de una manera amena.

Los conocimientos expuestos en la **Saga Comienza tu Éxito** harán a cualquier persona que los lea avanzar a pasos agigantados por los escalones que llevan a una vida repleta de éxitos.

Todos merecemos ser realmente felices. Pero no todos son conscientes de que una vida maravillosa es posible.

Ayúdame a despertar más corazones, creemos un **Movimiento de Vidas Exitosas.** Cuantos más seamos, más maravilloso será el mundo. ¿Te imaginas un mundo donde todos nos sintamos realizados? La cara agria de muchos, cambiaría por un luminoso rostro sonriente. Dependientes, médicos, policías, cocineros, jardineros...

Todos tenemos una vocación distinta en nuestra vida, estamos destinados a algo grande y es nuestra responsabilidad hacer nuestros sueños realidad.

Recuerda que lo que das, recibes.

Conviértete en embajador de la saga Comienza tu éxito

Aplica los principios aprendidos y conviértete en un ejemplo a seguir.

¿Cómo hacerte embajador de la Saga Comienza tu Éxito?

A todos nos pasa que una vez que descubrimos algo grandioso, nos morimos de ganas de hacérselo saber al mundo, aún más a las personas que más amamos.

A veces, nos salen diálogos inconexos porque tratamos de exponerles todo el conocimiento aprendido en cinco minutos para que aprendan rápido… Luego nos quedamos insatisfechos, pues nos damos cuenta que no hemos transmitido la idea que queríamos.

Si esto te ha pasado, no dejes que te ocurra también con estos conocimientos. Esta vez tienes la oportunidad de hacérselos llegar en un formato bonito, estructurado y al que recurrir siempre que la otra persona lo necesite.

Te voy a pedir que cierres tus ojos y pienses en las tres personas que más amas del mundo. Esas tres personas especiales que son tus tres diamantes que tanto quieres, tres personas a las que quieras ver realmente felices porque tu amor es verdadero y sincero hacia ellas.

¿Las tienes?

Anota sus nombres:

- ♥

- ♥

- ♥

A esas tres personas especiales, les vas a regalar un cambio de vida. Les vas a regalar un libro como este. Les vas a regalar un mensaje muy especial, un mensaje envuelto en un libro que en la portada tiene el título: **Confía en ti.**

No hay mayor regalo que tener a una persona a la que amar a nuestro lado. Esa persona es un regalo de la vida para cuidar a diario, esa persona se merece todo.

Y para finalizar te voy a pedir una cosa más, la última. Cuando entregues tu regalo, pídeles a esas tres personas a las que regalaste el libro que lean este capítulo de cierre.

• •

Cada persona que reciba este libro a modo de regalo, tiene que saber lo especial que es para la persona que se lo regaló y cuantísimo llena su vida. Debe saber que tenerla en su vida, es más valioso que tener un tesoro.

• •

Un libro es un regalo que dura toda una vida y si el libro encierra un mensaje valioso, no hay nada más maravilloso.

Me haría muy, muy feliz que me mandases una foto tuya con tus tres libros (y contándome si quieres porqué esas tres personas son tan especiales para ti) al siguiente correo: **contacto@comienzatuexito.com**

Subiré tu foto a mi web y a mis redes, para que el mundo sea testigo de que tú también formaste parte del cambio de crear un mundo mejor.

Gracias infinitas.
Te quiere.
María.

Continúa tu éxito en...

*Que todo lo bueno te encuentre,
te siga,
y se quede contigo...*

www.ingramcontent.com/pod-product-compliance
Lightning Source LLC
Chambersburg PA
CBHW020937180426
43194CB00038B/215